有職の文様

Yusoku: the pattern of imperial design

池 修

Yuusoku: the pattern of imperial design

First Edition January 2016

First Printing January 2016
Second Printing May 2019

By Mitsumura Suiko Shoin Co., Ltd.
217-2 Hashiura-cho Horikawa Sanjo
Nakagyo-ku, Kyoto 604-8257 Japan

Author: IKE Osamu
Publisher: GODA Yusaku
Printer: New Color Photographic Printing Co., Ltd.

Designer: TSUJI Eriko (New Color Photographic Printing Co., Ltd.)
Program Director: YAMAMOTO Takahiro (New Color Photographic Printing Co., Ltd.)
Director: GODA Yusaku (Mitsumura Suiko Shoin Co., Ltd.)

凡例

○「有職」では動物の文様は特別な扱われ方をされましたので「動物文」として纏めました。ただし文様の主題ではなく構成要素と判断した「鳥」と「蝶」は所属する項目に分類しました。

○色や文様の名称、織(生地)の種類は著者の主観で決めたものもあります。また、退色した色は元の色を推測して記載しました。この時、「赤《あか》」「紅《くれない》」「緋《あけひ》」「朱《しゅ》」あるいは「藍《あい》」「紺《こん》」「縹《はなだ》」の区別が容易ではないこともありますが、本来の目的に対応すると思われる色名にしました。

○裂《きれ》の名称の記載は原則的に「地色《ちいろ》名・地文《ちもん》名・主文《しゅもん》色名・主文名・織名」の順としました。ただし「地文」と「主文」が同色のものは「地文」の前にのみ色名を記載しました。また、「縫取織《ぬいとりおり》」「刺繡」「摺《すり》」では「地色名・地文名・織名」に「地」を付け、その後に「主文色名・主文名」に「縫取織」あるいは「刺繡」や「摺」と記載しました。一方、「窠霰《かにあられ》」など慣用的に「主文」(窠)、「地文」(霰)の順とされているものは、それに従いました。

○「主文」が同一色ではない場合、あるいは一つの「主文」に複数の色が用いられたものは原則的に「色糸」とし、それぞれの色名は記載しませんでした。また、地色に複数の色が用いられたものは主要な色名のみを記載しました。

○器の記載は「紋名・文様名・器名」、蒔絵は「木地名・文様名・器物名」の順としました。

○「窠に霰(窠ニ霰)」「鳳凰《ほうおうの》に雲菱《くもひし》(鳳凰ニ雲菱)」などのように、「主文」と「地文」、あるいは並立を表す「に(ニ)」は省略しました。ただし文様の関係を明示する必要がある時にはルビに「に」を入れました。また、「丸文」など慣用的に「○○の丸」とされているものはルビに「の」を入れました。

○「雲立涌中窠《くもたてわくちゅうか》」や「窠中龍胆《かちゅうりんどう》」など「主文」の構成要素とされたものは「中」の後にその文様名を記載しました。ただし「亀甲」などの中に組み込まれた「花菱」は慣用的に「亀甲花菱」としました。

○「続文《つづきもん》」(連続文様)の一部を空白とする「破《やれやぶれ》」は文様名の前に「破」を付けたものもありますが、独立した文様の「飛《とび》文《もん》」は「主文」ですので、「続文」の一部を取り出して「飛文」としたものも含め「飛文」とは記載しませんでした。

○「綾地綾《あやぢあや》」や「堅《かた》(固)地綾《ぢあや》」は「綾」、「文紗《もんしゃ》(顕文紗《けんもんしゃ》)」や「透文紗《すきもんしゃ》」「穀織《こめおり》」は「紗」と記載しました。

○『装束織文図会』からの掲載図版には「＊」を付けました。また、袍《うえのきぬほう》とその文様の図は『装束図式』から掲載しました。

はじめに

池　修

「有職《ゆうそく》」とは、あまり馴染みがない言葉かも知れませんが、宮中や公家の官職や儀式、装束や調度を指します。これらの装束や調度には特有の文様が使用されています。用いられた文様には大陸からもたらされたものもありますが、平安時代以降に和風化して今に伝えられました。「有職の文様」は装束や調度それぞれに専用のものも、また、共通して用いられるものもあります。これらの文様は宮中などで使用される器物自体や、それらを用いて展開される行事や情景などが図案化されることはなく、それらの器物に共通して施される文様として成立しています。そして宮中や公家の周辺、時には寺社など、「有職の文様」が配されたものによって構成される空間は一定の整合性をもって独特の雰囲気を醸し出すのです。

日本では古来、身分を色で表しました。聖徳太子（五七四～六二二）の『冠位十二階』（六〇四）を始めとし、『養老《ようろう》律令』（七五七）の位袍《いほう》（位階に応じた装束の袍《うえのきぬ・ほう》）に至るまで、身分による装束の色が決められました。しかし、源高明《たかあきら》（九一四～九八三）が著した『西宮記《さいきゅうき・さいぐうき》』には醍醐天皇(八八五～九三〇、在位八九七～九三〇)の延喜七年(九〇七)に藤原時平《ときひら》(八七一～九〇九)が「天皇の朝服の綾文が臣下と同じなのは、はなはだ宜しくないので、区別すべき」と述べたことが記載され、その後、天皇や皇族、および臣下の装束は色だけではなく文様によっても分けられることになりました。「有職の文様」はこのような状況下で成立し、発展しましたが、従来の色に対する拘《こだわ》りは「禁色《きんじき》」や「襲《かさねの》(重)色目《いろめ》」として継承されました。

「有職の文様」の中には起源を大陸や平安時代以前にまで遡ることができるものもありますが、時代の経過に伴って変化したものや使われなくなったものもあります。また、単独で使用されることも、他の文様と複合されることもありました。そして、これらの文様の一部は一般にも広がり、現在でも親しまれています。

装束や衣裳などに用いられた「有職の文様」の色や取り合わせからも、当時の美意識を感じることができます。江戸時代には、公家などの衣裳類は一般と同じ形態であっても、図柄は大きく、色遣いも異なり、古風な感じがすると認識されました。「有職の文様」は現在に至るまで他とは異なる世界を創り出しているのです。

目次
Contents

4 — はじめに

10 — 装束の種類

束帯《そくたい》・衣冠《いかん》・直衣《のうし》・狩衣《かりきぬ》／布衣《ほい》・水干《すいかん》・鞠水干《まりすいかん》・小忌衣《おみころも》・唐衣裳《からきぬも》・
小袿《こうちぎ》・采女《うねめ》装束

24 — 織り方による生地の分類

綾《あや》・堅《かた》(固)地綾《ぢあや》・浮織《うきおり》・二陪織《ふたえおり》・精好《せいごう》・練絹《ねりきぬ》・羽二重《はぶたえ》・生絹《すずし》・紗《しゃ》・
絽《ろ》・錦《にしき》・唐織《からおり》・緞子《どんす》・綸子《りんず》

30 — 文様の連続性による分類

続文《つづきもん》・飛文《とびもん》・比翼文《ひよくもん》・破《やれ・やぶれ》

32 ― 有職の文様

33 ― ［動物文］

桐竹鳳凰麒麟《きりたけほうおうきりん》・鳳凰・尾長鳥牡丹唐草《おながどりにぼたんからくさ》・鴛鴦《えんおう・えんのう・おしどり》・向鸚鵡丸《むかいおうむのまる》・鶴・向鶴丸《むかいつるのまる》・向鶴菱・向鳥丸《むかいとりのまる》・雉・鳥蝶（蝶鳥）・向蝶丸《むかいちょうのまる》・亀甲・双魚丸

78 ― ［丸《まる》 文《もん》］

臥蝶《ふせちょう・ふせんちょう》・八藤《やつふじ・はっとう》・又木形《またきかた》・窠《か》・藤巴《ふじのともえ》（藤鞆絵・藤丸《ふじのまる》）・種々の丸文

110 ― ［菱《ひし》 文《もん》］

横菱《よこひし》・立菱《たてひし》・繧繝《うげん・うんけん》・花菱《はなひし》・幸菱《さいわい》（先合《さきあい》〈間〉菱・千剣菱《せんけん》）・松皮菱・種々の菱文

142 ― ［襷《たすき》 文《もん》］

三重《みえ》襷・鳥《とり》襷・雲襷・藤襷・龍胆《りんどう》襷・撫子《なでしこ》襷・種々の襷文

154 ― ［立涌文《たてわくもん》］

立涌・雲《くも》立涌（立涌雲）・波立涌・菊立涌・藤立涌・松立涌・竹立涌・梅立涌・桜立涌・牡丹立涌・丁字《ちょうじ》立涌・定家《ていか》立涌・龍胆立涌・撫子立涌・躑躅《つつじ》立涌・鳳凰立涌

188 ― 【唐草文《からくさもん》】
菊唐草・桐唐草・桐竹唐草・牡丹唐草・丁字《ちょうじ》唐草・輪無《わなし》唐草・轡《くつわ》唐草

208 ― 【小葵文《こあいもん》】
小葵

224 ― 【繋《つなぎ》 文《もん》】
七宝《しっぽう》繋・麻葉《あさのは》繋・分銅《ふんどう》繋・網目《あみめ》・網代《あじろ》（檜垣《ひがき》）・籠目《かごめ》・青海波《せいがいは》

238 ― 【蜀江文《しょっこうもん》】
蜀江

242 ― 【その他】
雲・朽木雲《くつきくも》（朽木形《くつきかた》）・折枝《おりえ・おりえだ》・花・唐花《からはな》・蟹牡丹《かにぼたん》

273 ― 有職故実《ゆうそくこじつ》

276 ― 【家《か》 格《かく》】
摂関家《せっかんけ》（摂家《せっけ》）・精華《せいが》家・大臣《だいじん》家・羽林《うりん》家・名家《めいけ・めいか》・半家《はんけ》

278 ―［門《もん》　流《りゅう》］
近衛《このえ》家・九条《くじょう》家・二条《にじょう》家・一条《いちじょう》家・鷹司《たかつかさ》家・非門流
280 ― 衣《え》　紋《もん》
282 ― 陰陽五行《いんようごぎょう》
285 ― 色と装束
五色《ごしき》の色・官位《かんい》と色・禁色《きんじき》
298 ― 参考文献
300 ― あとがき
313 ― 索　引
315 ― 英文要約
317 ― 仏文要約

【装束の種類】

「有職の文様」の使い分けが最も顕著に発揮されるのは使用者の身分を表す装束で、正式なものほど、その傾向は著明です。装束は身分と状況に応じたものを着用することから、その種類と使用条件を知る必要があります。しかし、装束の形態や構成および用いられた文様は平安時代以降も変化したため、一元的に述べることは容易ではありません。

束帯《そくたい》

最上の正装である「束帯」は袍《うえのきぬ・ほう》の腰部を石帯《せきたい》で束ねることが名称の由来になりました。冠を被り、背後に長い裾《きょ》を引きます。天皇から臣下に至るまで儀式の時に着用しました。縫腋袍《ほうえきのほう》と闕腋袍《けってきのほう》の二種類があります。また、位袍《いほう》として身分に対応する袍の色と文様が決められましたが、裾の長さも身分に関係しました。

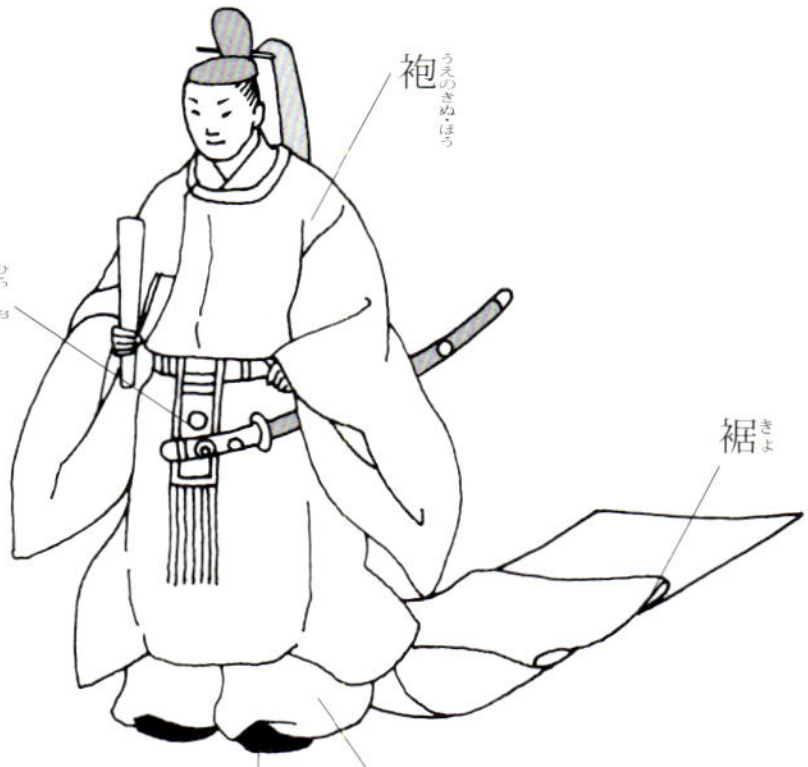

束帯《そくたい》

文官と三位以上の武官は縫腋袍に垂纓《すいえい》の冠、加冠《かかん》（冠を加える儀式、元服）前の年少者や四位以下の武官は闕腋袍に巻纓《けんえい》の冠を被りました。また、武官と中務省《なかつかさ》の官人、勅許《ちょっきょ》（天皇の許可）を得た参議《さんぎ》以上の文官は平緒《ひらお》を付けて太刀を佩用《はいよう》することができました。なお天皇は縫腋袍である「黄櫨染袍《こうろぜんのほう》」に立纓《りゅうえい》の冠ですが、太刀を佩用することはありません。

肌着である小袖に単《ひとえ》を着て、大口《おおくち》と称する下袴に表袴《うえのはかま》を重ね履き、冬には袙《あこめ》（衣《きぬ》）を着ますが、この上に平安時代には打衣《うちぎ》を重ねることもありました。次に下襲《したかさね》と半臂《はんぴ》の上に袍を着て石帯で腰を締めますが、主に闕腋袍で夏に用いられる半臂は省略されることもありました。足には襪《しとうず》を履き、革製黒漆塗りで上方に錦《にしき》が筒状に付いた靴《かのくつ》を履きます。手には笏を持ち、畳紙《たとう》と檜扇《ひおうぎ》を懐中します。公卿と殿上人は石帯に魚帯《ぎょたい》を提《さ》げました。

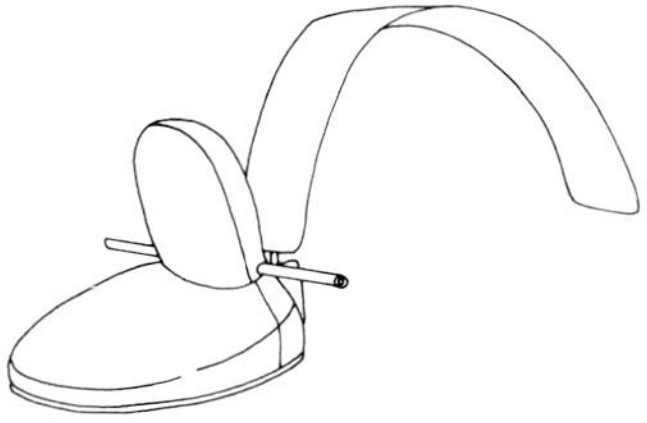

垂纓《すいえい》の冠

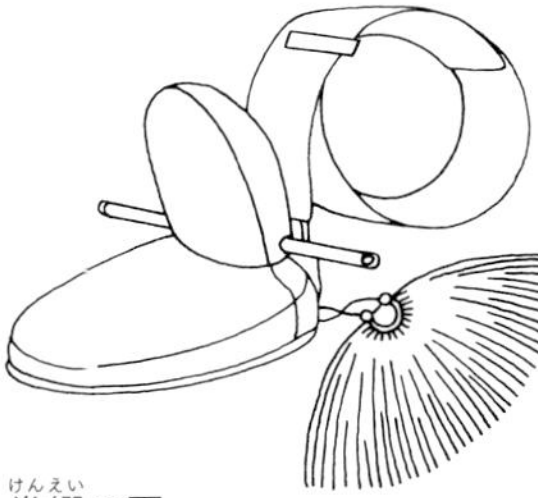

巻纓《けんえい》の冠

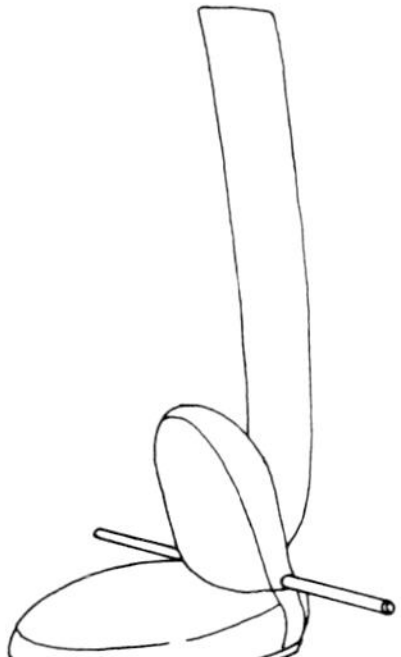

立纓《りゅうえい》の冠

袍の色は四位以上は黒（橡《つるばみ》）、五位は赤、六位は縹《はなだ》（藍で染めます）の三種類で、黒と赤の袍には文様があります。袍の織（生地）は、冬（冬と春）は堅《かた》（固）地綾《ぢあや》、夏（夏と秋）は縠織《こめおり》です。裾は下襲の一部でしたが、長大化したため鎌倉時代以降は裾の部分を分離し、別裾《べつきょ》として腰に結び付けるようになりました。しかし、天皇と皇太子は裾を切り離さない続裾《つづききょ》の下襲を用いました。単と夏の下襲は一重《ひとえ》仕立てですが、それ以外は裏地が付いています。また、表袴は白の浮織《うきおり》ですが、四十歳以降は堅地綾を用いました。

縫腋袍での表袴を指貫《さしぬき》に替えたものを「布袴《ほうこ》」と称し、高位の人が着用できました。

指貫も身分と年齢によって色と文様が異なります。指貫の色は、経紫緯白《たてむらさきぬきしろ》（紫地に白の文）で、加冠前は二陪織《ふたえおり》、加冠後の若年者は浮織、壮年以降は堅地綾ですが、四十歳以降は紫地ではなく縹地に白文とし、宿徳《しゅうとく》（高位の高齢者、大方は六十歳以上）は白の大文、極老《ごくろう・きょくろう》は白の無文（無地）でした。

衣冠《いかん》

「衣冠」には文官、武官の区別はなく、縫腋袍に垂纓の冠を被ります。平安時代末以降、参内《さんだい》（御所に出勤すること）時の平服となりました。宮中の警備を宿直《とのい》と称しますが、この時に着用したことから「宿直装束」ともいわれました。「衣冠」の袍の色と文様は「束帯」と同じで、身分に応じて決められました。

衣冠《いかん》

小袖と単を着て下袴に指貫を履き、袍を着用して檜扇を持ち、浅沓《あさくつ》を履くのを「衣冠単《いかんひとえ》」と称しますが、室町時代以降は単が省略されることがありました。この時には冬は末広《すえひろ》(中啓《ちゅうけい》)、夏は蝙蝠扇《かわほりおうぎ》を持ちました。「衣冠」では裸足が原則ですが、高位の高齢者は勅許「襪御免《しとうずごめん》」を蒙《こうむ》って襪を着用することができました。しかし、これは一旦聴《ゆる》されると、終生着用することになります。

直衣《のうし》

「直衣」は公家の日常着で、通常は烏帽子《えぼし》を被ります。本来は位階に関係なく色や織を自由に選ぶことができたため「雑袍《ざっぽう》」と称されましたが、次第に公的な性格を帯び、平安時代後期以降は裏地が付いた冬の「直衣」と一重仕立ての夏の「直衣」の二種類になりました。

「直衣」には小袖に単、時には衣を着用し、下袴と指貫を履き、扇を持ち、裸足に浅沓を履きます。

冬の「直衣」は白の竪地綾で「臥蝶《ふせちょう・ふせんちょう》」、夏は二藍《ふたあい》の縠織で一重仕立ての「三重襷《みえたすき》」です。二藍は紅《くれない》で染めた上を藍で染め、若年ほど紅を濃く、年齢が上がるに従って紅を淡くして四十歳頃まで用いました。四十歳以降は縹から浅葱《あさぎ》、高齢者は白で、極老は白の無文でした。

直衣《のうし》

天皇は通常の「直衣」ではなく平安時代末以降は裾が長く仕立てられた専用の「御引《おひき》直衣」を着用されました。冬は白の堅地綾で「小葵《こあおい》」、夏は縠織で一重仕立ての「三重襷」で、年齢に応じた色を用いられました。下には白、あるいは紅の綾で「小葵」の御長衣に、同じく白か紅の「立菱《たてひし》」か「立花菱」の単を着て、紅の綾で「小葵」、略儀には生絹《すずし》の長袴を履かれました。

皇太子の冬の「直衣」は白の堅地綾の「小葵」で、紫の浮織の「窠霰《かにあられ》(霰地窠文)」の指貫を履きました。夏の指貫は二藍の生浮織の「雲立涌《くもたてわく》」でした。

家格が高い公卿は勅許を得て「直衣」での参内が可能でしたが、この時には冠に限られ、これを「冠《かんむり》直衣」と称しました。

また、加冠(元服)までの親王や公卿は、冬は白の浮織で「小葵」、夏は二藍の縠織で「三重襷」の「童《わらわ》直衣」に、紫「亀甲」地に白の二陪織で「臥蝶」の指貫を履きました。

平安時代末以降、天皇を除く皇族や高位の公卿は日常着として、「直衣」の袖に括紐《くくりのひも》が付いた「小《こ》直衣」を着用しました。色と文様と織は自由でしたので、これは「雑袍」の名残と考えられます。摂関家《せっかんけ》(摂家《せっけ》、摂政・関白になれる家、後述)では任槐《にんかい》(大臣就任)以降、精華家《せいがけ》(摂関家に次ぐ家、後述)では近衛大将《このえのだいしょう》就任以降に着用しました。また、上皇の「小直衣」を「甘御衣《かんのおんぞ》」、親王は「傍続《そばつづき》」と称しましたが、襴《らん》のない「小直衣」を「傍続」とする説もあります。

ところで天皇や皇太子が用いる「小葵」は、一部を通常のものとは変え、大きさも異なりました。

狩衣《かりきぬ》／布衣《ほい》

狩りなどの時に着用したのが名称の由来になりました。「狩衣」には烏帽子を被ります。本来は麻布製のものを「布衣」と称しましたが、その後、絹織物も用いられ、有文《うもん》を「狩衣」、無文は「布衣」とされました。「布衣」は一重仕立てで裏地を付けませんが、蹴鞠での「狩衣」は一重でした。色や織、文様は自由で、おしゃれな普段着でしたが、「禁色《きんじき》」(後述)は避けたようです。表と裏の裂《きれ》の色の組み合せで「襲《かさねの》(重)色目《いろめ》」としました。

小袖を着て、その上に単、あるいは帷子《かたびら》、時には両方を着用し、下袴と指貫を履き、裸足に浅沓を履きます。通常の指貫は八幅で仕立てられますが、地下《ぢげ》(庶民)は六幅の狩袴《かりはかま》を用いました。

天皇と皇太子は「狩衣」を着用することはありません。一方、上皇が譲位後、初めて「狩衣」を着ることを「布衣始《ほいはじめ》」と称しました。「狩衣」で参内はできませんが、上皇の御所への院参《いんさん》は可能でした。また、公家が「狩衣」を着るのは大納言までで、任槐後は「小直衣」を用いました。

狩衣《かりきぬ》／布衣《ほい》

水《すい》干《かん》

「狩衣」より丈が短く、袖付けなどの縫い目の補強に糸を菊花形にして縦に一対とした菊綴《きくとじ》が付いています。烏帽子を被り、麻や葛布《くずふ》で仕立てられた狩袴を履きますが、若年者は「水干」と共裂《ともきれ》の袴を用いました。色と織と文様は自由でした。

　ところで公家は大納言になるまでは内々で「水干」を着ることもありましたが、摂関家では「水干」の襟を通常の上頸《あげくび》ではなく、内側に折って垂頸《たりくび》に着、清華家では「水干」の菊綴と袖の括紐は付けなかったとのことです。「水干」を着ていても「水干」ではないとの気持ちを表しているのだと思われます。これは、「水干」は元来庶民が用いていたものを武士が取り入れ、平安時代には公家も内々で着用するようになったことが影響しているのかも知れません。

上頸《あげくび》

垂頸《たりくび》

水干《すいかん》

鞠水干《まりすいかん》

「水干」と称しますが、「直垂上《ひたたれのかみ》」の仕立てで烏帽子を被ります。「直垂」との違いは袖の括紐がなく、先端に砂擦《すなずり》と称する房《ふさ》、あるいは紐が付いていることです。帷子を着て鞠袴《まりはかま》を履き、「鞠水干」を着て鴨沓《かもくつ》を履き、鞠扇を持ち、畳紙を懐中します。蹴鞠では鎌倉時代以降、下袴を履きません。身分を表す段級は「鞠水干」と葛袴の色と文様などで表されます。

「鞠水干」は夏の生地である紗《しゃ》や絽《ろ》の一重仕立てですが、四季を通じて着用します。無地だけではなく、地文様がある文紗《もんしゃ》、金糸で上文《うわもん》を織り出した金文紗《きんもんしゃ》（金紗）、あるいは刺繍をしたものや摺箔《すりはく》で文様を置いたものもあります。上文にも、それぞれの文様が独立した「飛文《とびもん》」と、文様が連続する「続文《つづきもん》」があり、後者の使用には許可が必要でした。鞠袴は葛布の指貫仕立てで、菊綴の代わりに露革《つゆかわ》が付いています。鞠袴にも摺箔で文様を施したものもあります。

直垂《ひたたれ》

鞠水干《まりすいかん》

室町時代、蹴鞠に「水干」や「直垂」を着用した記録はありますが、「鞠水干」とは書かれていません。「直垂」は「水干」よりも下位の武士の着物であったため、「直垂」の名称には抵抗があったのかも知れません。しかし、「応仁・文明の乱」(一四六七〜一四七七)などの戦乱期には公家も「直垂上」を着用して蹴鞠をしたこともあったため、室町時代の後期、あるいは江戸時代になってから「鞠水干」と名付けたと思われます。

ところで、金襴や金文紗など金糸を用いた織物を装束に仕立てるのは「有職」関係では蹴鞠と舞楽《ぶがく》だけです。一方、金襴で織られた「有職の文様」は仏教では多用されました。寺院では荘厳のために金襴が用いられますが、門跡寺院を始め仏教は皇族や公家との関わりが深かったことで「有職の文様」が持ち込まれました。これに対して神道では原則的に金襴が用いられることはありません。

小《お》忌《み》衣《ころも》

「忌」は神聖なものを表しました。

新嘗祭《にいなめさい》(天皇が新穀を神々に供え、自らも食する儀式)や大嘗祭《だいじょうさい》(即位直後の新嘗祭)などに供奉する時、「束帯」の袍の上に着ました。「小忌衣」

小《お》忌《み》衣《ころも》

には袖のないものもあります。胡粉《ごふん》で白粉張りをした絹や麻に山藍《やまあい》の葉の汁で青摺《あおずり》として「柳」「竹」「菊」「鳥」などの文様を摺りました。右肩から赤と黒の紅紐《あかひも》を垂らしますが、東遊《あずまあそび》の舞人は「青摺《あおずりの》衣《ころも》」と称し、紅紐を左肩に付け、袍と袴には当初は「蛮絵《ばんえ》」、後には「桐」「竹」「雉」を描きました。また、奏楽の陪従《べいじゅう》の青摺は「棕櫚《しゅろ》」でした。

神事の装束の文様は織ではなく、描かれたり摺られますが、これは古代の名残と思われます。

＊青《あお》（緑《みどり》）棕櫚文《しゅろもん》

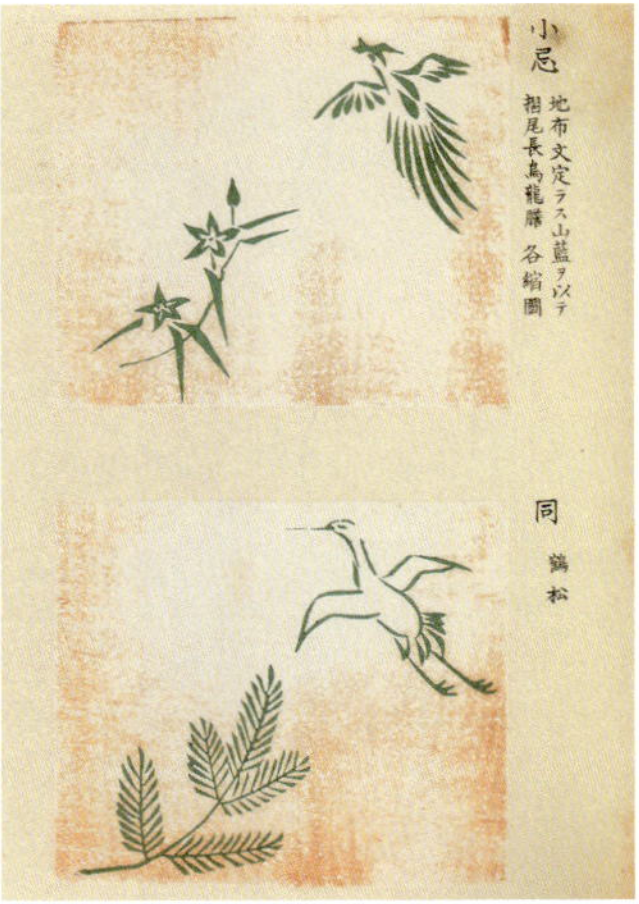

＊青《あお》（緑《みどり》）尾長鳥《おながとり》、龍胆《りんどう》、鶴《つる》、松折枝文《まつおりえもん》

白麻地《しろあさぢ》青《あお》（緑《みどり》）鳥柳文摺《とりやなぎもんすり》

唐衣裳《からきぬも》

「女房《にょうぼう》装束」ともいわれ、打衣《うちぎ》と表着《うわぎ》を着装した「物の具」は後世「十二単」と称され、正装でした。

小袖に単を着て、紅、若年者は濃《こき》(深蘇芳《ふかきすおう》よりも濃い色)の袴を履いた「単袴《ひとえはかま》」は日常の略装で、「はだか姿」ともいわれました。この上に衣《きぬ》(袿《うちき》)を重ね着た「衣袴《きぬはかま》」は日常着でした。この衣を重ねることを競ったことから寛徳元年(一〇四四)に衣は五領に制限され五衣《いつつきぬ》の名称の由来になりました。普段には「衣袴」に唐衣と裳を着用しましたが、「晴《はれ》」の場には衣の上に紅の打衣を着て表着と唐衣に裳を着けました。

袴の生地は精好《せいごう》、単は、冬は練絹《ねりきぬ》、夏は生絹ですが、上臈《じょうろう》(身分の高い人)の単は綾でした。衣は、冬は綾、夏は紗などの薄物も用いました。また、打衣は綾で作られました。表着は二陪織などを使用し、裏地を表に折り返す「おめり」仕立てとしました。唐衣は身分に応じて二陪織や浮織が用いられ、「禁色」も適用されました。一方、裳の形状や文様は時代と供に変遷し、当初は「海賦《かいふ》」文様、後には「桐竹鳳

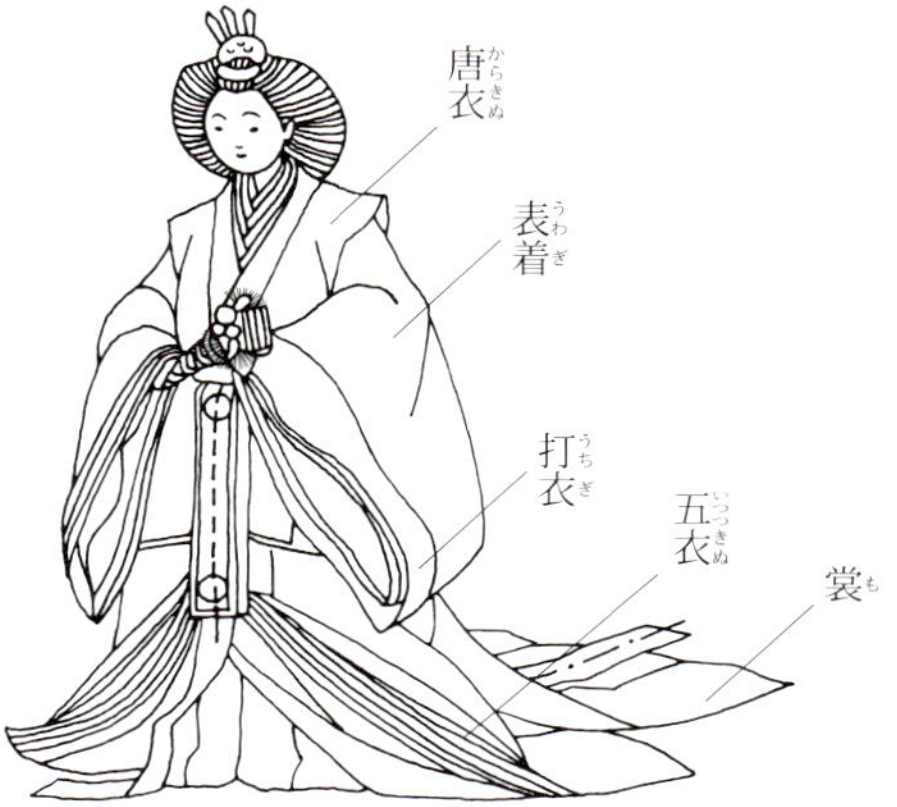

唐衣裳《からきぬも》

凰」などが好まれました。また、裳の一部である大腰《おおこし》と引腰《ひきこし》には白の浮織の「窠霰」が使われました。

襟、袖口、裾は重ねた衣が見えることから、その色の組み合わせで「襲色目」としました。

小《こ》袿《うちぎ》

袿よりも丈が短いことから「小袿」と称されました。「褻《け》」ではあっても礼儀を正す時に着用されましたが、次第に「晴」の場でも用いられるようになりました。

「単袴」に衣を着用し、その上に「小袿」を重ねましたが、平安時代には裳を付けた上に着ることもあったようです。

生地は二陪織などで「おめり」仕立てとし、裏地と表地との間に中陪《なかべ》の裂を入れ、三種類の裂で「襲色目」としました。

小《こ》袿《うちぎ》

采女装束《うねめ》

江戸時代以降は天皇の即位式にのみ奉仕する女官の装束で、「椿」や「松」などを描いた絵衣《えきぬ》に「青海波《せいがいは》」の掛衣《かけきぬ》を着て紅袴を履きました。

「采女装束」の文様も「小忌衣」のように織ではなく描かれました。

椿文絵衣《つばきもんえきぬ》

采女装束《うねめ》

＊椿文《つばきもん》

＊青海波松文《せいがいはにまつもん》

【織り方による生地の分類】

綾《あや》

経糸《たていと》が緯糸《ぬきいと・よこいと》の上を二本、あるいは三本、緯糸の下を一本、交差させて織るために織面に斜め方向に綾線が現れる。平織《ひらおり》（経糸と緯糸を一本ずつ交互に織った最も単純な織物）に比べて生地は光沢があり緻密で厚い。経糸と緯糸がそれぞれ三本のものは三枚綾で、地と文様が三枚綾で織られたものは綾地綾《あやちあや》。

堅《かた》（固）地《ち》綾《あや》

同色、あるいは色の異なる経糸と緯糸を用いて緯糸で文様を織り出したもの。地を三枚綾、文様を六枚綾で織る。経糸も緯糸も生糸《きいと》（膠質を落としていない糸、精練していない糸）で、織ってから精練。生地は堅く厚い。

綾《あや》（紫《むらさき》）

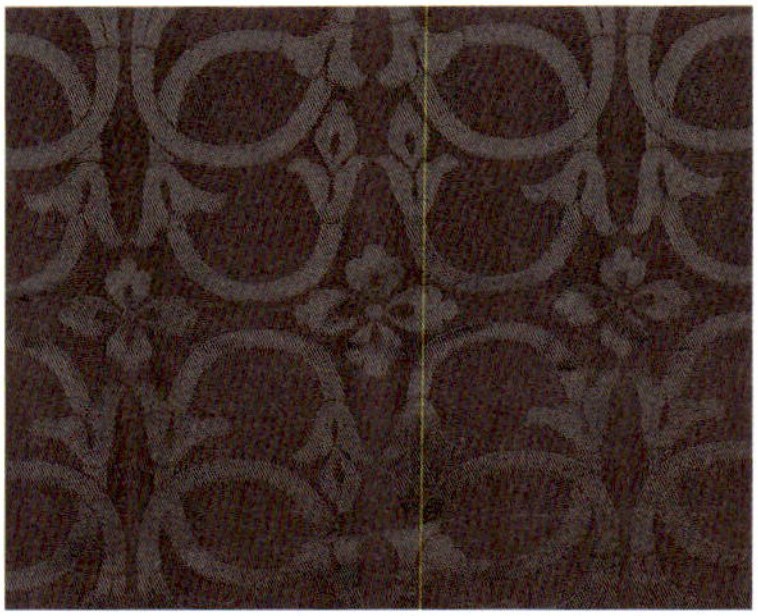

堅《かた》（固）地《ち》綾《あや》（黒《くろ》輪《わ》無《なし》唐草文《からくさもん》）

浮《うき》織《おり》

緯糸を部分的に地組織から浮かせて文様を織り出したもの。原則的に経糸と緯糸は同色で、地と文様も同色。

二《ふた》陪《え》織《おり》

浮織の地文の上に別の色で独立した文様を縫《ぬい》取《とり》織《おり》(浮織に文様を刺繍したように見える)したもの。

浮織《うきおり》(白《しろ》小《こ》葵《あおい》文《もん》)

二《ふた》陪《え》織《おり》(白《しろ》小《こ》葵《あおい》地《ぢ》 紫《むらさき》 鳳凰《ほうおう》文《もん》)

精《せい》好《ごう》

経糸も緯糸も練糸《ねりいと》(精練した糸)で織ったものと、経糸に練糸、緯糸が生糸のものがあるが、どちらも経糸よりも緯糸の方が太い織物。堅くて厚く、緻密で精美。

練《ねり》絹《きぬ》

経糸が生糸、緯糸が練糸の織物。

羽二重《はぶたえ》

撚りをかけない生糸で緯糸一本と細い二本の経糸で織り、その後に精練。やわらかく光沢がある。経糸を密に、緯糸に太糸を用いたものは塩瀬《しおぜ》(塩瀬羽二重)。

生《すず》絹《し》

経糸も緯糸も生糸の織物。張りがあって堅い。

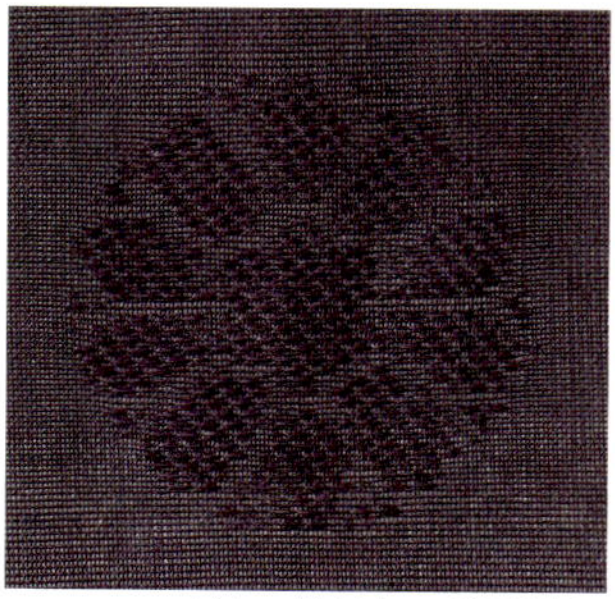

文紗《もんしゃ》(顕文紗《けんもんしゃ》)(紫《むらさき》菊文《きくもん》)

透文紗《すきもんしゃ》(白海松丸文《しろみるのまるもん》)

紗《しゃ》

経糸も緯糸も生糸で、一本の緯糸に二本の経糸を絡ませて織り、その後に精練。生地は透けている。文様を織り出したものは文紗《もんしゃ》(顕文紗《けんもんしゃ》)、平織地に紗で文様を織り込んで文様が透いて見えるのは透文紗《すきもんしゃ》、文様が米粒を並べたように見えるのが縠織《こめおり》、また、紗の生地に文様を縫取織したものもあります。

公家の装束の仕立や着付を「衣紋《えもん》」といいますが、鎌倉時代以降に半家《はんけ》(後述)の高倉《たかくら》家と羽林家《うりんけ》(後述)山科《やましな》家が宗家になりました。山科家では縠織をかつては顕文紗文縠《けんもんしゃもんこめ》と称したようです。

縫取織《ぬいとりおり》(紅紗《くれないしゃ》地《ち》白菊折《しろきくおり》枝《え》文《もん》)

縠織《こめおり》(黒《くろ》輪《わ》無唐草文《なしからくさもん》)

絽《ろ》

奇数本(三本、五本、七本)の緯糸に二本の経糸を絡ませた織物。経糸も緯糸も生糸で、織り上げてから精練。絽は布羅《ほら》とも称し、「有職」関係で用いられるのは鞠水干や女性が外出時に用いる被衣《かづき》など限られる。

錦《にしき》

種々の色糸で地色と文様を織り出した織物。

唐織《からおり》

三枚綾地に色糸や金銀糸を交えて絵緯《えぬき》で文様を織り出したもの。「有職」関係では舞楽装束の一部に用いられる。

絽《ろ》(紫《むらさき》)

錦《にしき》(赤《あか》地《ち》色糸《いろいと》蟹《かに》牡《ぼ》丹文《たんもん》)

唐織《からおり》(青《あお》〈緑《みどり》〉地《ち》松皮菱色《まつかわひしにいろ》
糸《いと》牡《ぼ》丹折《たんおり》枝《え》文《もん》)

緞《どん》子《す》

基本的には精練して染色した（先染《さきぞめ》）経糸と緯糸がともに五本以上で構成される繻子《しゅす》織《おり》。文様は経糸あるいは緯糸で織り出される。装束には用いられないが、荘厳具などに使用される。

綸《りん》子《ず》

生糸で無撚《よ》りの経糸と緯糸がともに五本あるいは八本で一組とした繻子織。文様はその裏組織で織り出し、その後に精練して染色する（後染《あとぞめ》）。地質は柔らかく光沢に富む。装束には用いられない。

原則的に装束の織物は、冬（冬と春）は綾や二陪織、夏（夏と秋）は縠織などを主とする紗を用います。

緞子《どんす》（黄牡丹唐草宝尽文《きぼたんからくさにたからつくしもん》）

綸子《りんず》（朱業平菱鳳凰桐文《しゅなりひらひしにほうおうきりもん》）

【文様の連続性による分類】

続文《もん》

裂《きれ》全面を埋め尽くす連続文様。

飛《とび》文《もん》

「丸文」などの独立した文様や、「続文」であってもその一部を切り取って独立させたもの。

続文《つづきもん》（白地《しらぢ》色糸《いろいと》唐草《からくさ》文《もん》錦《にしき》）

飛文《とびもん》（香地《こうぢ》小《こ》葵《あおい》文《もん》絽金《ろきん》）

比翼文《ひよくもん》

二つの「飛文」を対等に組み合わせたもの。

破《やれ・やぶれ》

「続文」の一部を空白にしたもの。

比翼文《ひよくもん》（緋《あけ・ひ》唐草《からくさに》菊《きく》御紋《ごもん》桐紋《きりもん》綾《あや》）

破《やれ・やぶれ》（仙洞菊紋破亀甲花菱文皿《せんとうきくもんやれきっこうはなひしもんさら》）

【有職の文様】

「有職」では文様を変形させたり、組み合わせて用いることがあるため、主題や形態などによる分類は容易ではありません。一方、動物の文様は天皇を始め高貴な人に特化して使用されるなど、特別な扱われ方をされましたので「動物文」として纏めました。ただし「鳥」の連続文様である「鳥襷《とりだすき》」や「蝶」が含まれる「窠霰《かにあられ》(霰地窠文)」などは文様を構成する要素と判断し、それぞれが所属する項目に分類しました。

動物文

「有職の文様」に採用された動物の種類は多くはありません。空想上の動物である「鳳凰《ほうおう》」や「麒麟《きりん》」は複合されて天皇専用の文様となりました。また、「鳳凰」と「尾長鳥《おながどり》」との区別は容易ではありませんが、皇族を中心に用いられました。一方、「麒麟」は天皇以外には使用されませんでした。同様に「鴛鴦《えんおう・えんのう・おしどり》」は皇太子、外来種の「鸚鵡《おうむ》」は皇后など、使用範囲は限られました。

「鶴」や「亀」は一般にも広く好まれましたので「有職の文様」でも多用されたと思いきや、その使用には制約がありました。「束帯《そくたい》」や「衣冠《いかん》」の袍《うえのきぬ・ほう》に「鶴」の文様が聴《ゆる》されたのは親王や摂政などに限られました。しかし、「鶴」は形を変えてそれ以外の人々の格式張らない装束や調度などに取り入れられました。一方、「亀」は具体的な姿が文様化されることはなく、「亀甲《きっこう》」として用いられました。そして「鶴」は独立した「飛文《とびもん》」であるのに対し、「亀」は「亀甲」が連続する「続文《つづきもん》」として地文にも多用されました。「亀甲」は調度なども含め広く用いられています。

「雉」は東遊《あずまあそび》の舞人の装束に描かれました。

「鳥」や「蝶」の種類は特定できませんが、対《つい》としても用いられました。これは雅楽の影響と思われます。舞楽《ぶがく》では唐《とう》楽系の左方《さほう》舞の「迦陵頻《かりょうびん》」と高麗《こま》楽系の右方《うほう》舞の「胡蝶《こちょう》」が対で舞われるからです。

松虫や鈴虫などの昆虫は平安時代には愛好されましたが、「有職の文様」に採用されたのは「蝶」だけでした。

「有職」は「陰陽五行」の影響を受けていますので、「四神《しじん》」である「青龍《せいりゅう》」「朱雀《すざく》」「白虎《びゃっこ》」「玄武《げんぶ》」も宮中の儀式に用いられましたが、天皇の即位式など、特別の行事以外は登場しませんでした。しかし、「朱雀」や「玄武」は「鳳凰」や「亀」とも関連して「有職の文様」に取り入れられました。ところが中国では皇帝の象徴であり、一般にも広く用いられる「青龍」が「有職」では「龍」として単独で使用されることはありません。また、「白虎」は「有職の文様」にはなりませんでした。

ところで、「龍」と「有職の文様」との組み合わせは仏教ではよく見かけます。門跡寺院を始め仏教は皇族や公家との縁が深いために「有職」が持ち込まれ、これに仏法を護る「龍」が複合されたからでした。

紫《むらさき》藤《ふじ》立涌《たてわく》中《ちゅう》龍《りゅう》丸《のまる》文《もん》紗《しゃ》

香《こう》雲《くもに》龍《りゅうの》丸《まる》文《もん》紗《しゃ》

藍《あい》丁字《ちょうじ》立涌《たてわく》中《ちゅう》
龍《りゅうの》丸《まる》文《もん》綾《あや》

青《あお》(緑《みどり》)雲《くもに》龍《りゅうの》丸《まる》文《もん》紗《しゃ》

桐《きり》竹《たけ》鳳《ほう》凰《おう》麒《き》麟《りん》

櫨《はぜ》と蘇芳《すおう》で染めた「黄櫨染《こうろぜん》」は夏至の太陽が南中した色といわれ、嵯峨天皇(七八六〜八四二、在位八〇九〜八二三)の弘仁十一年(八二〇)以来、天皇の袍《うえのきぬ・ほう》の色とされました。従って「黄櫨染袍《こうろぜんのほう》」は天皇専用でした。原型が平安時代中期頃まで遡るといわれる「黄櫨染袍」の本来の文様の「桐竹鳳凰麒麟」は鎌倉時代末頃には「筥形文《はこかたもん》」として定型化しましたが、室町時代末頃には途絶えてしまいました。その後、後西天皇(一六三八〜一六八五、在位一六五五〜一六六三)の時代に「黄櫨染」が、また、光格天皇(一七七一〜一八四〇、在位一七八〇〜一八一七)の時代に略儀として「青(緑)」で「筥形文」が再興されて「青色袍《あおいろのほう》」と称されました。

黄櫨染《こうろぜん》桐竹鳳凰麒麟《きりたけほうおうきりん》筥形文綾《はこかたもんあや》

古代中国で、黄帝《こうてい》の即位時に「鳳凰」が「梧桐」に集まって「竹」の実を食べたことから、「鳳凰」は「聖天子の出現を待ってこの世に現れる」といわれ、泰平の世にのみ姿を現す瑞獣《ずいじゅう》(瑞鳥《ずいちょう》)のひとつになりました。そして「桐」と「竹」も文様に組み込まれました。また、当初はなかった「麒麟」が鎌倉時代に加わったのは古代中国で「麒麟五霊は王者の嘉瑞」とされたからでした。

＊青《あお》(緑《みどり》)地《ぢ》黄《き》桐竹《きりたけ》
鳳凰《ほうおう》麒麟《きりん》筥形《はこかた》文《もん》
(麹塵《きくじん》)

黄櫨《こうろ》染《せん》桐竹《きりたけ》鳳凰《ほうおう》麒麟《きりん》筥形《はこかた》文《もん》紗《しゃ》

黄櫨《こうろ》染《ぜん》桐竹《きりたけ》鳳凰《ほうおう》麒麟《きりん》筥形《はこかた》文《もん》綾《あや》

鳳凰

「梧桐にあらざれば栖《す》まず、竹実にあらざれば食わず」といわれる「鳳凰」には「桐」や「竹」も取り合わされることもあり、皇族を中心に用いられました。また、明治時代以降は「女房装束」の裳《も》にも「桐竹鳳凰」が描かれ、皇族から典侍《ないしのすけ・てんじ》まで用いました。

「鳳凰」の全体を丸く表す「丸文」や、向かい合わせて「丸文」にしたり、「八稜《はちりょう》」の中や直線化した「雲」で作った四角の中に入れるなど、他の文様とも複合されました。

白《しろ》小《こ》葵《あおい》地《ぢ》紅《くれない》鳳凰文《ほうおうもん》二陪織《ふたえおり》

紅《くれない》雲立涌《くもたてわく》地《ぢ》藍《あい》鳳凰文《ほうおうもん》二陪織《ふたえおり》

紫《むらさき》地《ぢ》菊唐草《きくからくさ》鳳凰文《ほうおうもん》金紗《きんしゃ》

菊《きく》御《ご》紋《もん》散《ちらし》鳳凰《ほうおう》文《もん》蓋物《ふたもの》

菊《きく》御《ご》紋《もん》鳳凰《ほうおうに》小《こ》葵《あおい》文《もん》皿《さら》

紫《むらさき》紗《しゃ》地《ぢ》金鳳凰丸文《きんほうおうのまるもん》刺《し》繍《しゅう》

紫《むらさき》地《ぢ》小《こ》葵色糸鳳凰丸文金襴《あおいにいろいとほうおうのまるもんきんらん》

紅《くれない》地《ぢ》薄紅雲立涌色糸鳳凰丸雲菱文《うすきくれないくもたてわくにいろいとほうおうのまるくもひしもん》二《ふた》陪《え》織《おり》

＊青《あお》(緑《みどり》)向鳳凰丸文《むかいほうおうのまるもん》

紅《くれない》幸菱文《さいわいひしもん》浮織《うきおり》地《ち》縹《はなだ》向鳳凰丸文《むかいほうおうのまるもん》刺《し》繍《しゅう》

青《あお》(緑《みどり》)地《ち》色糸《いろいと》桐唐草《きりからくさに》鳳凰丸文《ほうおうのまるもん》唐織《からおり》

青《あお》(緑《みどり》)地《ち》白《しろ》八《はち》稜《りょう》中《ちゅう》向《むかい》鳳《ほう》凰《おう》文《もん》綾《あや》

紫《むらさき》八《はち》稜《りょう》中《ちゅう》向《むかい》鳳《ほう》凰《おう》文《もん》紗《しゃ》

紫《むらさき》絽《ろ》地《ぢ》金《きん》八《はち》稜《りょう》中《ちゅう》向《むかい》鳳《ほう》凰《おう》文《もん》摺《すり》

薄朽葉《うすきくつは》地《ぢ》濃朽葉《こきくつは》雲《くも》菱《ひし》中《ちゅう》鳳凰《ほうおう》文《もん》綾《あや》

橙《だいだい》地《ぢ》青《あお》(緑《みどり》)雲立涌《くもたてわく》色糸《いろいと》鳳凰《ほうおう》桜花《おうか》文《もん》二陪織《ふたえおり》

尾長《おなが》鳥《とりに》牡《ぼ》丹《たん》唐《から》草《くさ》

「黄櫨染袍《こうろぜんのほう》」は天皇の本来の袍《うえのきぬ・ほう》でしたが、室町時代末頃には中絶し、「青色袍《あおいろのほう》」あるいは「青白橡《つるばみ》御衣」と称する「尾長鳥牡丹唐草文」の袍を江戸時代まで用いました。この袍は経青緯黄《たてあおぬきき》(青地に黄の文)(あるいは経萌黄《もえき》)で織られましたが、藍(かつては紫草《むらさきくさ》)で染めた上に刈安《かりやす》(黄)をかけて「青色」としたものもあり、「山《やま》鳩《はと》色」ともいわれました。

ところで蔵人《くろうど》はおおむね五位、六位相当ですが、「青色袍」を下賜された極臈《ごくろう・きょくろう》(最上位)の蔵人は、「麹塵袍《きくじんのほう》」と称して、それを着用することができました。

青《あお》(緑《みどり》)地《ぢ》白《しろ》尾長鳥牡丹唐草文綾《おながとりにぼたんからくさもんあや》

＊青《あお》(緑《みどり》)(あるいは萌黄《もえき》)地《ぢ》黄《き》尾長鳥《おながどり》菊唐草文《きくからくさもん》(麹塵《きくじん》)

萌黄《もえき》地《ぢ》黄《き》菊唐草文綾《きくからくさもんあや》(麹塵《きくじん》)

鴛鴦《えんおう・えんのう・おしどり》

皇太子の袍《うえのきぬ・ほう》は梔子《くちなし》と紅花で染めた「黄丹《おうだん・おうに》」でした。文様の「窠中《かちゅう》鴛鴦」の「窠」は六花形とし、「鴛鴦」が一羽、織り出されています。

皇太子として指名される「立太子式」は「応仁・文明の乱」(一四六七～一四七七)以降中絶しましたが、霊元天皇(一六五四～一七三二、在位一六六三～一六八七)によって復興されました。

＊黄丹《おうだん・おうに》窠《か》中《ちゅう》鴛鴦《えんのう・おしどり》文《もん》

向《むかい》鸚《おう》鵡《む》丸《のまる》

二羽の「鸚鵡」が上下を逆にして左右に丸く向かい合う「追回文《おいまわし》」で、皇后が用いた文様といわれています。

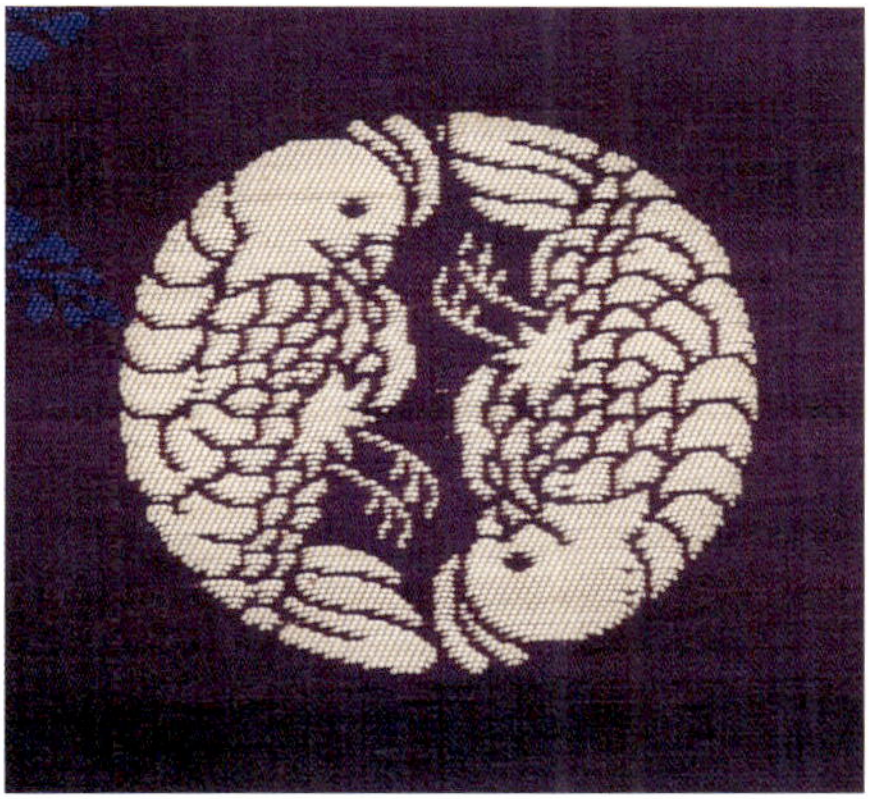

紫《むらさき》綾《あや》地《ち》白《しろ》向《むかい》鸚《おう》鵡《む》丸《のまるに》藍《あい》八藤《やつふじ・はっとう》菱《ひし》文《もん》縫《ぬい》取《とり》織《おり》

紅《くれない》横《よこ》繁《しげ》菱《ひし》文《もん》綾《あや》地《ち》黄《き》向《むかい》鸚《おう》鵡《む》丸《のまるに》紫《むらさき》小《こ》葵《あおい》文《もん》縫《ぬい》取《とり》織《おり》

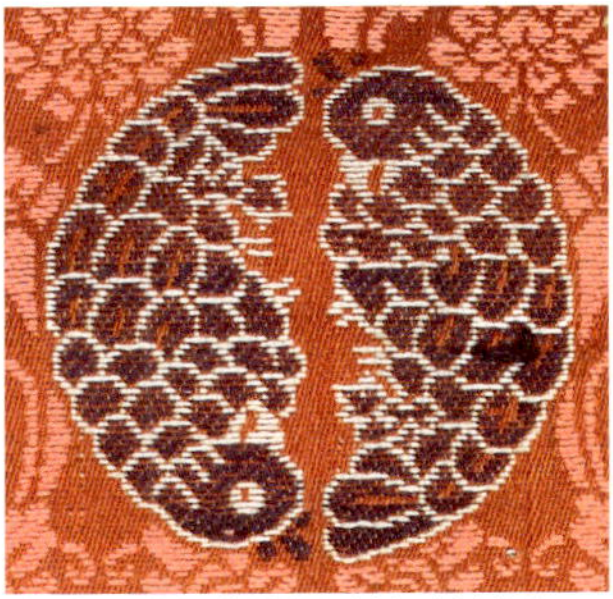

蘇《す》芳《おう》轡《くつわ》唐《から》草《くさ》地《ち》紫《むらさき》向《むかい》鸚《おう》鵡《む》丸《のまる》文《もん》錦《にしき》

鶴

「瑞雲《ずいうん》」と組み合わせた「雲鶴《うんかく》」は高貴な文様として親王や太閤(関白経験者で、その子息も関白を勤める者)などの袍《うえのきぬ・ほう》の文様とされました。また、摂政は「雲鶴」の袍を着用できましたが、関白はこれを使用できず「雲立涌《くもたてわく》」とされたため、指貫《さしぬき》の「雲立涌」と重なることから、指貫に異文《いもん》が聴《ゆる》されることになりました。

袍の文様としては厳しい制約があった「鶴」でしたが、袍以外の衣裳や調度などには広く用いられました。また、松の枝などを咥《くわ》えた「松喰鶴《まつくいつる》」や「枝喰鶴」も好まれました。そして「亀甲」を地文として「鶴」と組み合わせたものもあります。

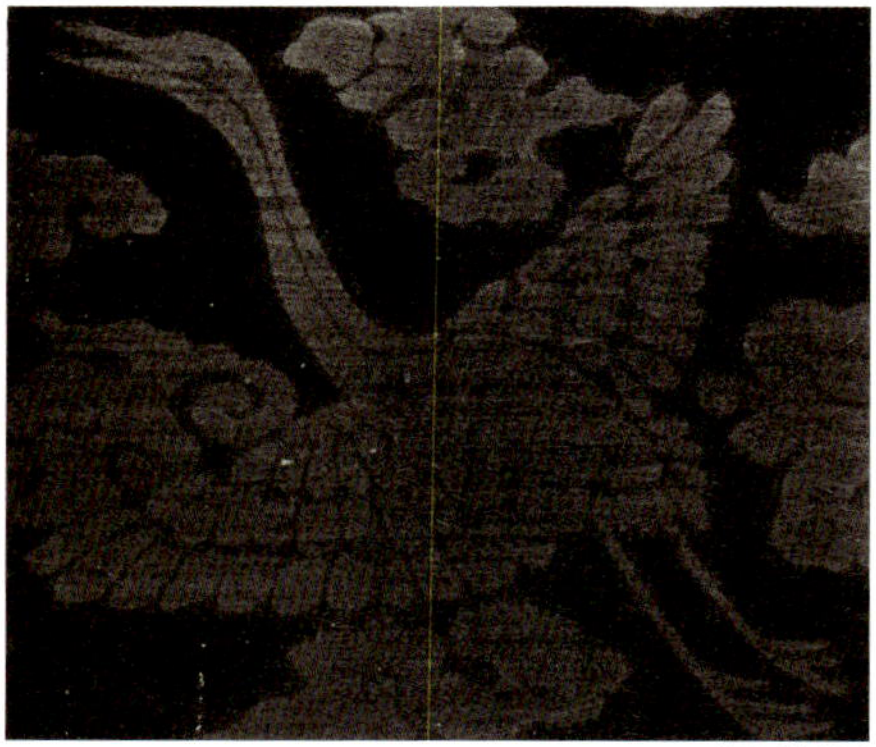

＊黒雲鶴文《くろうんかくもん》

朽葉《くつに》地《ぢ》雲宝尽《くもたからつくしに》枝喰鶴文金襴《えだくいつるもんきんらん》

＊白地《しらぢ》朽葉《くつは》松喰鶴文《まつくいつるもん》

香雲鶴文紗《こううんかくもんしゃ》

光格《こうかく》天皇《てんのう》菊紋《きくもん》鶴文《つるもん》碗《わん》

菊《きく》御紋《ごもん》鶴文《つるもん》鮑型皿《あわびかたさら》

九《ここの》重《え》菊《きく》紋《もん》群《ぐん》鶴《かく》文《もん》皿《さら》

親王《しんのう》菊《きく》紋《もん》雲《うん》鶴《かく》文《もん》皿《さら》

白雲向鶴文浮織《しろくもにむかいつるもんうきおり》

縹雲鶴文綾《はなだうんかくもんあや》

縹《はなだ》地《ぢ》色糸《いろいと》雲鶴《うんかく》文《もん》錦《にしき》

薄《うすき》縹《はなだ》雲《くも》文《もん》紗《しゃ》地《ぢ》白《はく》鶴《つる》文《もん》縫取《ぬいとり》織《おり》

向《むかい》鶴《つるの》丸《まる》

一羽の「鶴」が羽根を上方に丸く広げた「鶴丸《つるのまる》」は家紋にもなりましたが、「有職」では二羽の「鶴」を上下に丸く向かい合わせました。

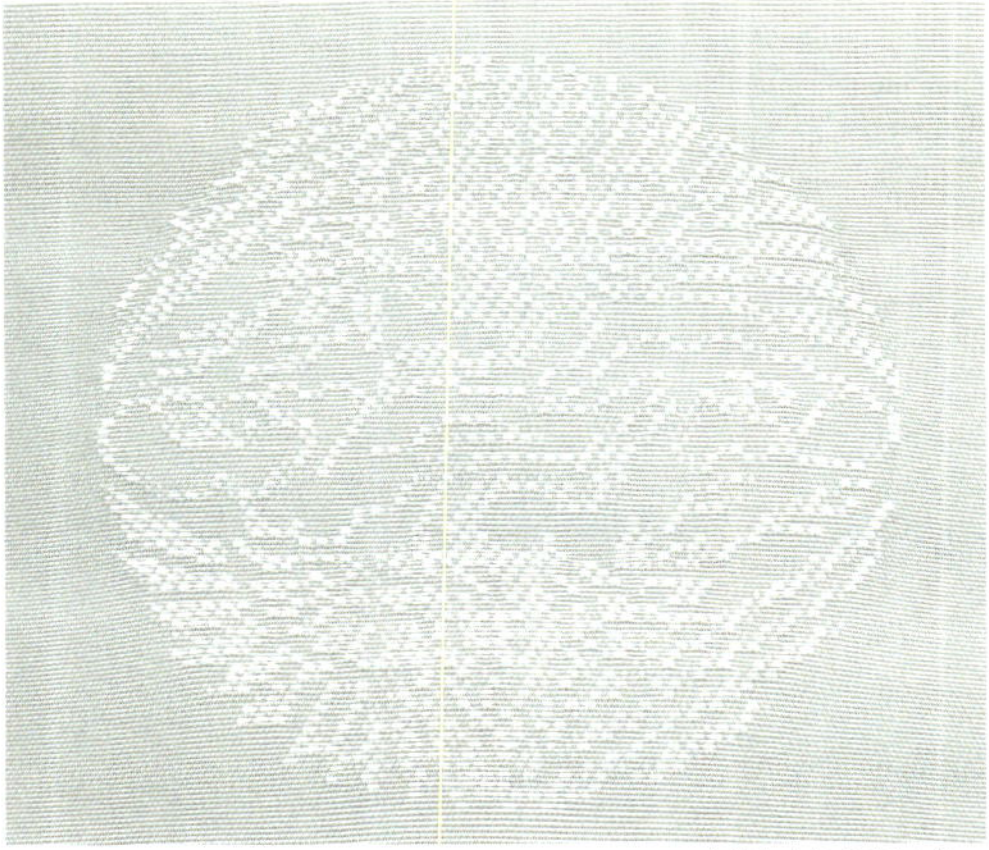

白向雲鶴丸文紗《しろむかいうんかくのまるもんしゃ》

紅《くれない》紗《しゃ》地《ぢ》白向鶴丸文縫取織《しろむかいつるのまるもんぬいとりおり》

白紗《しろしゃ》地《ぢ》青《あお》(緑《みどり》)鶴丸紋縫取織《つるのまるもんぬいとりおり》

赤唐草鶴丸文緞子《あかからくさにつるのまるもんどんす》

紫《むらさき》地《ち》蘇芳《すおう》亀甲《きっこうに》白《しろ》向雲鶴《むかいうんかく》丸《のまる》文《もん》二陪《ふたえ》織《おり》

紫《むらさき》地《ち》白《しろ》向雲鶴《むかいうんかく》丸《のまる》文《もん》綾《あや》

向鶴菱《むかいつる》

原則的には上下に向かい合う「鶴」を菱形にした文様です。

白《しろ》向鶴《むかいつる》菱《ひし》文《もん》浮織《うきおり》

紅《くれない》地《ぢ》白《しろ》向鶴《むかいつる》菱《ひし》文《もん》浮織《うきおり》

藍《あい》地《ぢ》色糸《いろいと》向鶴《むかいつる》菱《ひし》文《もん》金襴《きんらん》

縹《はなだ》地《ぢ》葵唐草《あおいからくさに》向鶴《むかいつる》菱《ひし》文《もん》金襴《きんらん》

蘇芳《すおう》句鶴菱文浮織《むかいつるひしもんうきおり》

白地《しらぢ》松竹梅唐草《しょうちくばいからくさ》に向鶴菱文金襴《むかいつるひしもんきんらん》

香向鶴菱文紗《こうむかいつるひしもんしゃ》

向鳥丸《むかいとりのまる》

基本的には二羽の「鳥」を上下に丸く向かい合わせてあります。この「鳥」は「鴛鴦《おしどり》」ともいわれ、上が雌、下が雄とされているようです。

紫《むらさき》紗《しゃ》地《ぢ》白《しろ》向鳥丸《むかいとりのまる》文《もん》縫取織《ぬいとりおり》

薄色《うすいろ》地《ち》 紫雲《むらさきくも》立涌《たてわく》向鳥《にむかいとり》丸《のまる》文《もん》綾《あや》

蘇芳《すおう》立涌《たてわく》中《ちゅう》三巴《みつともえ》鳥《のとり》丸《のまる》文《もん》紗《しゃ》

雉

東遊《あずまあそび》の舞人の袍《うえのきぬ・ほう》や袴に「桐」や「竹」と共に描かれたり、青摺《あおずり》されました。

白羽二重地色桐竹雉文摺《しろはぶたえちいろきりたけきじもんすり》

＊青《あお》（緑《みどり》）桐竹雉文《きりたけきじもん》

鳥蝶（蝶鳥）

種類は特定できませんが、「鳥」と「蝶」は装束や調度などに取り入れられました。簡略化して描かれることもあります。

「女房装束」の檜扇《ひおうぎ》の裏面には「鳥」と「蝶」を線描し、鍍金《ときん》の要は、表は「蝶」、裏は「鳥」を付けます。また、臣下の斎服《さいふく》である「小忌衣《おみころも》」の右肩に付ける紅紐《あかひも》に大臣以上は金泥で、公卿は胡粉《ごふん》の白で描かれました。ただし舞人は紅紐を左肩に付けました。

舞楽《ぶがく》では唐《とう》楽系の左方《さほう》舞の「迦陵頻《かりょうびん》」と高麗《こま》楽系の右方《うほう》舞の「胡蝶《こちょう》」が対で舞われることから、「鳥」と「蝶」は好んで対とされました。

紅紐《あかひも》

白《しら》地《じ》 紫《むらさき》 鳥蝶文錦《とりちょうもんにしき》

黒塗《くろぬり》地《ぢ》鳥蝶文《とりちょうもん》蒔《まき》絵《え》文箱《ふばこ》

檜扇《ひおうぎ》(表)

檜扇《ひおうぎ》の要《かなめ》(裏)

檜扇《ひおうぎ》の要《かなめ》(表)

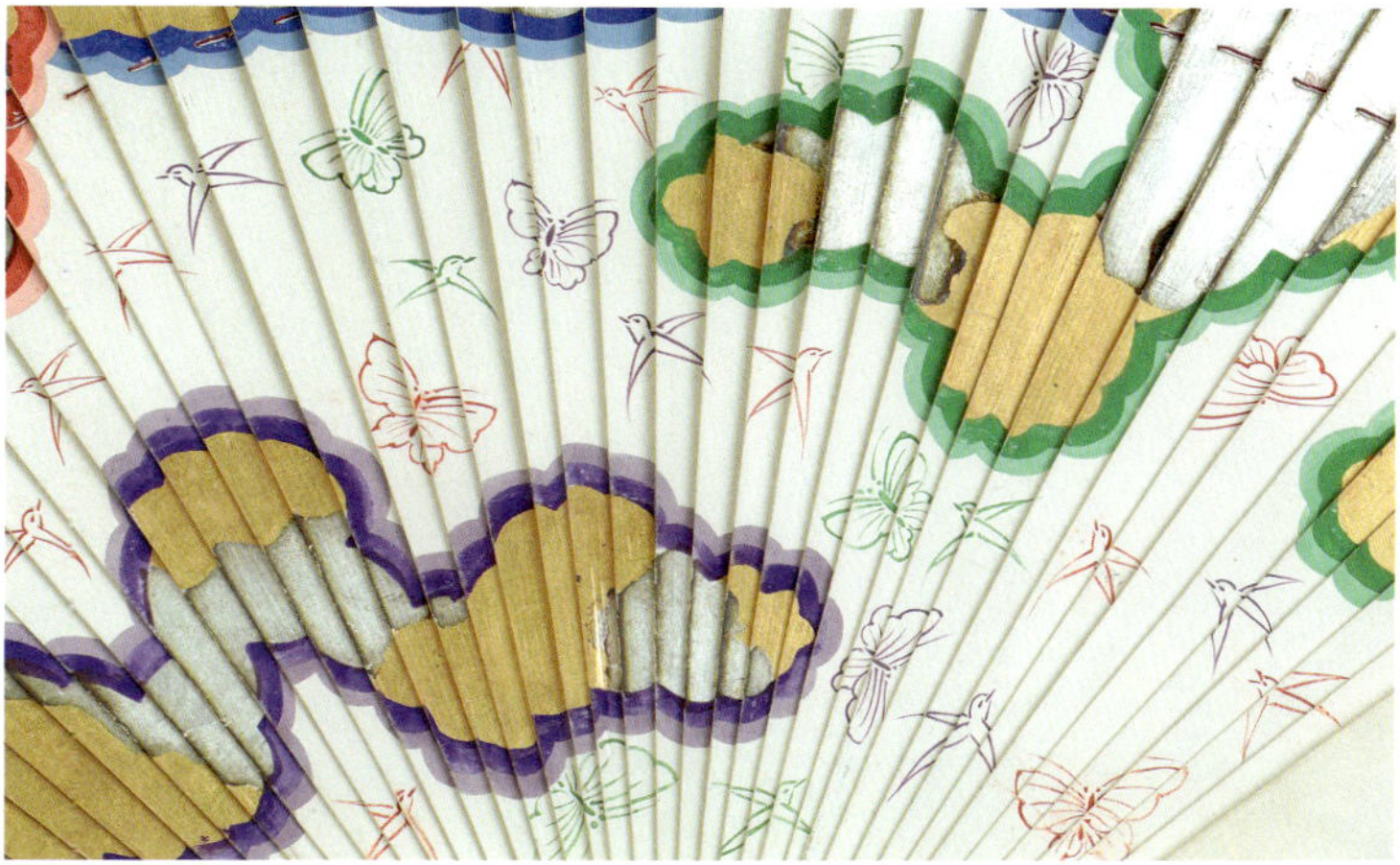

檜《ひ》扇《おうぎ》（裏）

檜《ひ》扇《おうぎ》（横《よこ》目《め》扇《おうぎ》の裏）

檜《ひ》扇《おうぎ》（裏）

扇《おうぎ》（裏）

青《あお》（緑《みどり》）地《ぢ》浅葱《あさぎ》立涌《たてわく》色糸《にいろいと》鳥蝶文錦《とりちょうもんにしき》

紫《むらさき》 羽二重《はぶたえ》地《ぢ》白鳥蝶文摺《しろとりちょうもんすり》

菊《きく》御《ご》紋《もん》散《ちらし》鳥《とり》蝶《ちょう》文《もん》碗《わん》

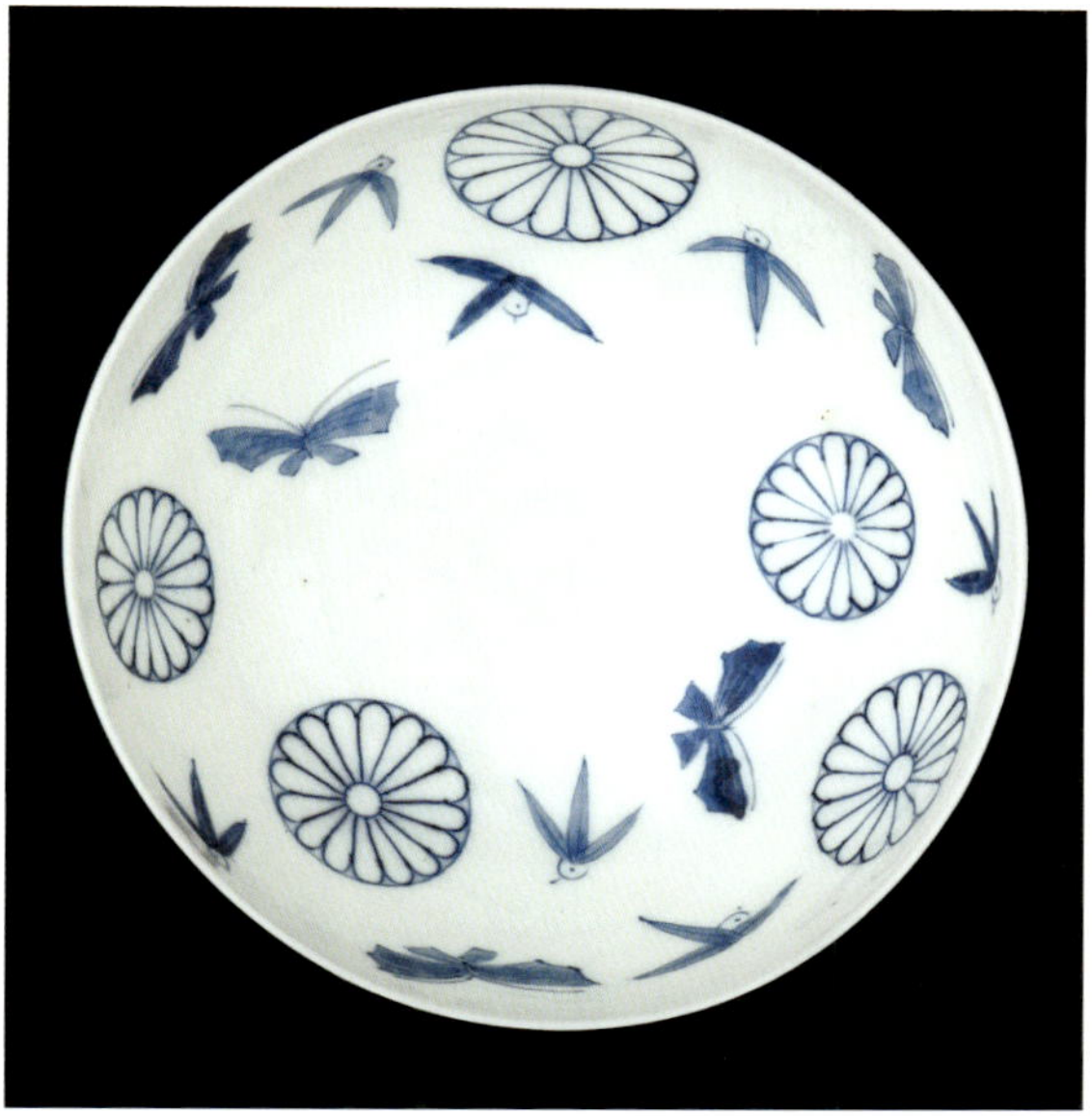

向《むかい》蝶《ちょうの》丸《まる》

羽根を広げて臥した二羽の「蝶」を左右に丸く向かい合わせた文様で、二陪織《ふたえおり》の唐衣《からきぬ》(いわゆる「十二単」の一番上に着る装束)や「小袿《こうちぎ》」など、女性の装束を中心に多用されました。

「蝶」以外の昆虫は「有職の文様」にはなりませんでした。

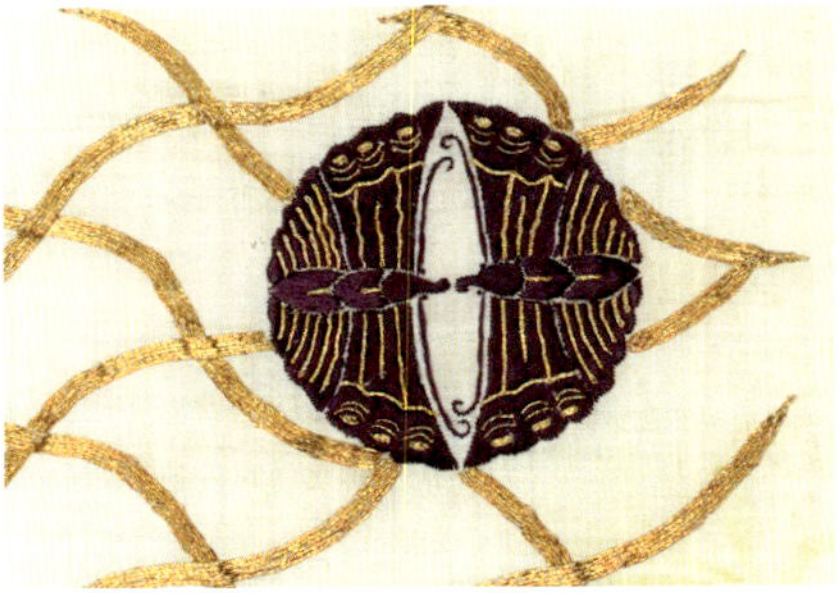

白《しろ》麻《あさ》地《ぢ》金《きん》分《ふん》銅《どう》繋《つなぎに》紫《むらさき》向《むかい》蝶《ちょうの》丸《まる》文《もん》刺《し》繍《しゅう》

蘇《す》芳《おう》亀《きっ》甲《こう》地《ぢ》白《しろ》向《むかい》蝶《ちょうの》丸《まる》文《もん》二《ふた》陪《え》織《おり》

仙洞菊紋《せんとうきくもん》向蝶丸文《むかいちょうのまるもん》皿《さら》

蘇芳《すおう》七宝繋《しっぽうつなぎ》（花輪違《はなわちがい》）地《ぢ》白《しろ》向蝶丸文《むかいちょうのまるもん》二陪織《ふたえおり》

紫《むらさき》三重襷《みえたすき》地《ぢ》白《しろ》向蝶丸文《むかいちょうのまるもん》二陪織《ふたえおり》

亀甲

二重の六角形、あるいはその中に四弁の「花菱」や四個の四角を入れた「亀甲」は連続文様である「続文《つづきもん》」として二陪織《ふたえおり》などの地文に多用され、「女房装束」の唐《から》衣《きぬ》や「小袿《こうちぎ》」などに用いられました。鎌倉時代から室町時代には下襲《したかさね》にも用いられました。「続文」だけではなく、一部を空白とする「破《やれ》」として使用されたり「亀甲」を独立させた「飛文《とびもん》」や、丸く切り抜かれることもあります。

室町時代には任槐《にんかい》（大臣就任）後の袍《うえのきぬ・ほう》の異文《いもん》として精《せい》華家《がけ》（摂関家《せっかんけ》〈摂政・関白になれる家〉に次ぐ家、後述）である三條《さんじょう》家では「大亀甲」の「遠文《とおもん》」、大炊御門《おおいのみかど》家では「亀甲」を用いました。

「亀甲」は一般にも広く好まれました。

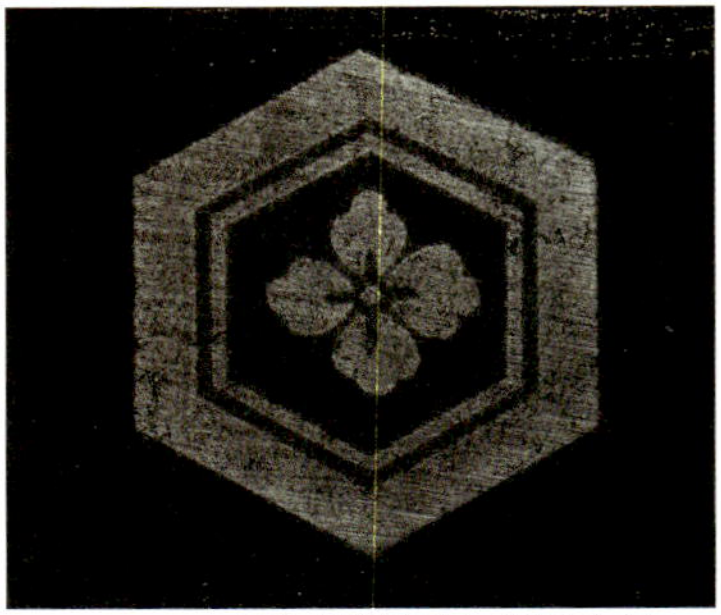

＊黒亀甲花菱文《くろきっこうはなひしもん》（大炊御門《おおいのみかど》家）

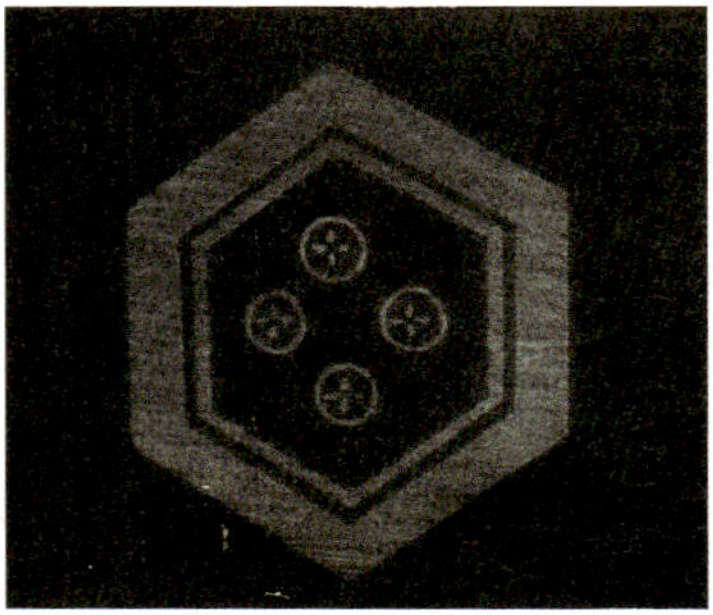

＊黒亀甲文《くろきっこうもん》（三條《さんじょう》家、正親町三條《おおぎまちさんじょう》家、三條西《さんじょうにし》家）

青《あお》(緑《みどう》)地《ぢ》浅葱《あさぎ》亀甲《きっこう》花菱《はなびし》文《もん》錦《にしき》

青《あお》(緑《みどり》)亀甲《きっこう》地《ぢ》白《しろ》牡丹《ぼたん》折枝《おりえ》文《もん》二陪織《ふたえおり》

紫《むらさき》 亀甲《きっこう》地《ぢ》黄《き》菊《きく》御《ご》紋《もん》二陪織《ふたえおり》

青《あお》(緑《みどり》)亀甲《きっこうに》菊《きく》御《ご》紋綾《もんあや》

香《こう》地《ぢ》亀甲《きっこうに》牡丹《ぼたん》文《もん》金襴《きんらん》

萌《もえ》黄《き》地《ぢ》薄紅《うすきくれない》亀甲《きっこうに》藤《ふじの》丸《まる》文《もん》緞子《どんす》

薄色《うすいろ》亀甲《きっこう》花菱《はなひしの》丸《まるに》海松《みる》丸《のまる》文《もん》紗《しゃ》

白紗《しろしゃ》地《ぢ》白亀甲《しろきっこう》花菱《はなひし》文《もん》縫取織《ぬいとりおり》

白《しら》地《ぢ》 紫《むらさき》 雲立涌《くもたてわくに》亀甲《きっこう》花菱《はなひし》文《もん》金襴《きんらん》

九重《ここのえ》菊紋《きくもん》破《やれ》亀甲《きっこう》鶴文《にっつるもん》皿《さら》

菊《きく》御《ご》紋《もん》破《やれ》亀甲《きっこう》花菱《はなびし》鶴文《につるもん》皿《さら》

菊《きく》御《ご》紋《もん》亀甲《きっこう》花菱《はなひしに》籬《まがきの》菊《きく》文《もん》皿《さら》

菊《きく》御《ご》紋《もん》亀甲《きっこうに》根《ね》引《ひき》松《まつ》文《もん》皿《さら》

双魚丸

「魚」は魚袋《ぎょたい》の金具として取り付けられますが、「鞠水干《まりすいかん》」では二匹の「魚」を「追回文《おいまわし》」にしたものもあります。

金魚袋《きんぎょたい》

桃色《ももいろ》地《ち》双魚丸文《そうぎょのまるもん》絽《ろ》金《きん》

丸《まる》文《もん》

臥蝶《ふせちょう・ふせんちょう》

文様を浮織《うきおり》にした綾《あや》織物を「浮線綾《ふせんりょう》」と称したことが起源ともいわれ、平安時代末頃から鎌倉時代にかけて特定の文様を指すようになりました。

羽根を広げて臥《ふ》した四羽の「蝶」を図案化し、中央の丸を中心に上下左右に丸く配した文様ですが、「蝶」ではなく「唐花《からはな》」を起源とする説もあります。装束や衣裳類に多用されましたが、調度にも用いられました。また、唐紙《からかみ》にも刷られて襖《ふすま》や壁紙などにもなりました。

白の堅《かた》(固)地綾《ぢあや》で織られて親王や公卿の冬の「直衣《のうし》」、「束帯《そくたい》」の裾《きょ》や下襲《したかさね》の表などに用いられました。また、親王や上級公家の「童装束《わらわ》」(加冠《かかん》、元服まで)の指貫《さしぬき》は紫「亀甲《きっこう》」地に白文の二陪織《ふたえおり》でした。一方、「女房装束」でも二陪織の唐衣《からきぬ》や「小袿《こうちぎ》」などを始め好んで用いられました。

鎌倉時代以降、摂政・関白の夏の袍《うえのきぬ・ほう》にも用いられたようです。また、冬の半臂《はんぴ》に用いられた時代もありました。

白《しら》地《ぢ》色糸《いろいと》窠《か》中《ちゅう》臥蝶《ふせちょう》文《もん》錦《にしき》

香綾《こうあや》地《ぢ》白《しろ》臥蝶《ふせちょう》文《もん》縫取織《ぬいとりおり》

＊黒《くろ》臥《ふせ》蝶《ちょう》文《もん》

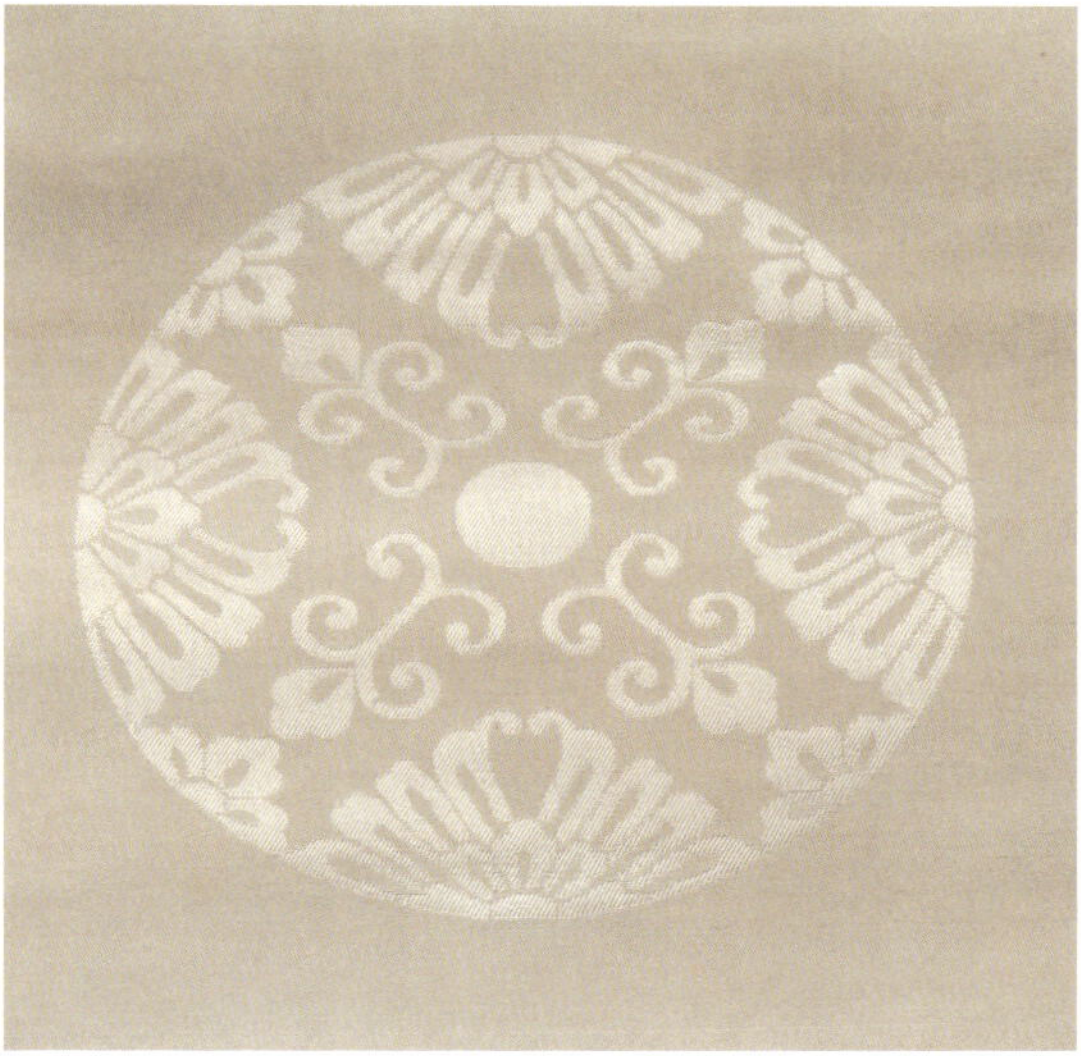

白《しろ》臥《ふせ》蝶《ちょう》文《もん》紗《しゃ》

白立涌文紗《しろたてわくもんしゃ》地《ぢ》 紅《くれない》 臥蝶文《ふせちょうもん》縫取織《ぬいとりおり》

緋《あけ・ひ》亀甲《きっこう》地《ぢ》白《しろ》臥蝶文《ふせちょうもん》二陪《ふたえ》織《おり》

白《しら》地《ぢ》臥蝶文《ふせちょうもん》金襴《きんらん》

九重《ここのえ》菊《きく》紋《もん》臥《ふせ》蝶《ちょう》文《もん》皿《さら》

菊《きく》御《ご》紋《もん》臥《ふせ》蝶《ちょうに》雲《くも》菱《ひし》文《もん》碗《わん》

八藤《やつふじ・はっとう》

四弁の「花菱」を中心に四組の「藤」の花房を菱形に、かつ外縁を丸く配した文様です。花房から中心に向かって延びる二本の蔓の捩《もじ》れ方によって、二捩《ふたもじり》と三捩《みもじり》があります。鎌倉時代には用いられていました。

指貫《さしぬき》や指袴《さしこ》(切袴)などの一般的な文様ですが、唐衣《からきぬ》などの「女房装束」にも多用されました。

指貫では壮年以降は経紫緯白《たてむらさきぬきしろ》(紫地に白の文)の堅《かた》(固)地綾《ちあや》ですが、四十歳以上は縹《はなだ》(藍で染めます)、宿徳《しゅうとく》(高位の高齢者、大方は六十歳以上)は白の大文《だいもん》、極老《ごくろう・きょくろう》は白の綾《あや》の無文(無地)でした。摂《せっ》関家《かんけ》(摂家《せっけ》、後述)筆頭の近衛家《このえ》(陽明家《ようめいけ》)には専用の「陽明家八藤《ようめいけはっとう》」があり、大臣家《だいじんけ》(後述)の正親町《おおぎまち》三條家《さんじょう》や羽林家《うりんけ》(後述)の庭田家《にわた》でも専用の「八藤」を用いました。また、名家《めいけ・めいか》(後述)の日野家の「八藤」は「麴塵《きくじん》」(経青緯黄)(青地に黄の文)でした。

一方、「束帯《そくたい》」の時に着用する表袴《うえのはかま》は白の浮織《うきおり》の「窠霰《かにあられ》」ですが、四十歳以降は白の堅地綾の「八藤」を用いました。

紫《むらさき》綾《あや》地《ち》白《しろ》八藤《やつふじ・はっとう》(三《み》捩《もじり》)文《もん》縫取織《ぬいとりおり》

浅葱《あさぎ》地《ち》白八藤《しろやつふじ・はっとう》文《もん》綾《あや》

白八藤《しろやつふじ・はっとう》文《もん》紗《しゃ》

紫《むらさき》地《ぢ》白《しろ》陽《よう》明《めい》家《け》八《はっ》藤《とう》文《もん》綾《あや》

縹《はなだ》地《ぢ》白《しろ》陽《よう》明《めい》家《け》八《はっ》藤《とう》文《もん》綾《あや》

青《あお》(緑《みどり》)地《ぢ》黄《き》陽《よう》明《めい》家《け》八《はっ》藤《とう》文《もん》綾《あや》(麹塵《きくじん》)(日野《ひの》家)

＊紫《むらさき》地《ぢ》白《しろ》八藤《やつふじ・はっとう》文《もん》（庭田《にわた》家）

紅《くれない》雲立涌《くもたてわく》地《ぢ》萌黄《もえぎ》八藤《やつふじ・はっとう》（二捩《ふたもじり》）文《もん》二陪織《ふたえおり》

菊《きく》御《ご》紋《もん》八藤《やつふじ・はっとうに》菊《きく》折《おり》枝《え》文《もん》合子《ごうす》

八藤《やつふじ・はっとうに》三《み》重《え》襷《たすき》文《もん》碗《わん》

又木形《またきかた》

五摂関家《ごせっかんけ》(五摂家《ごせっけ》、後述)のひとつである二条《にじょう》家の指貫《さしぬき》専用の文様とされましたが、衣裳などにも用いられました。

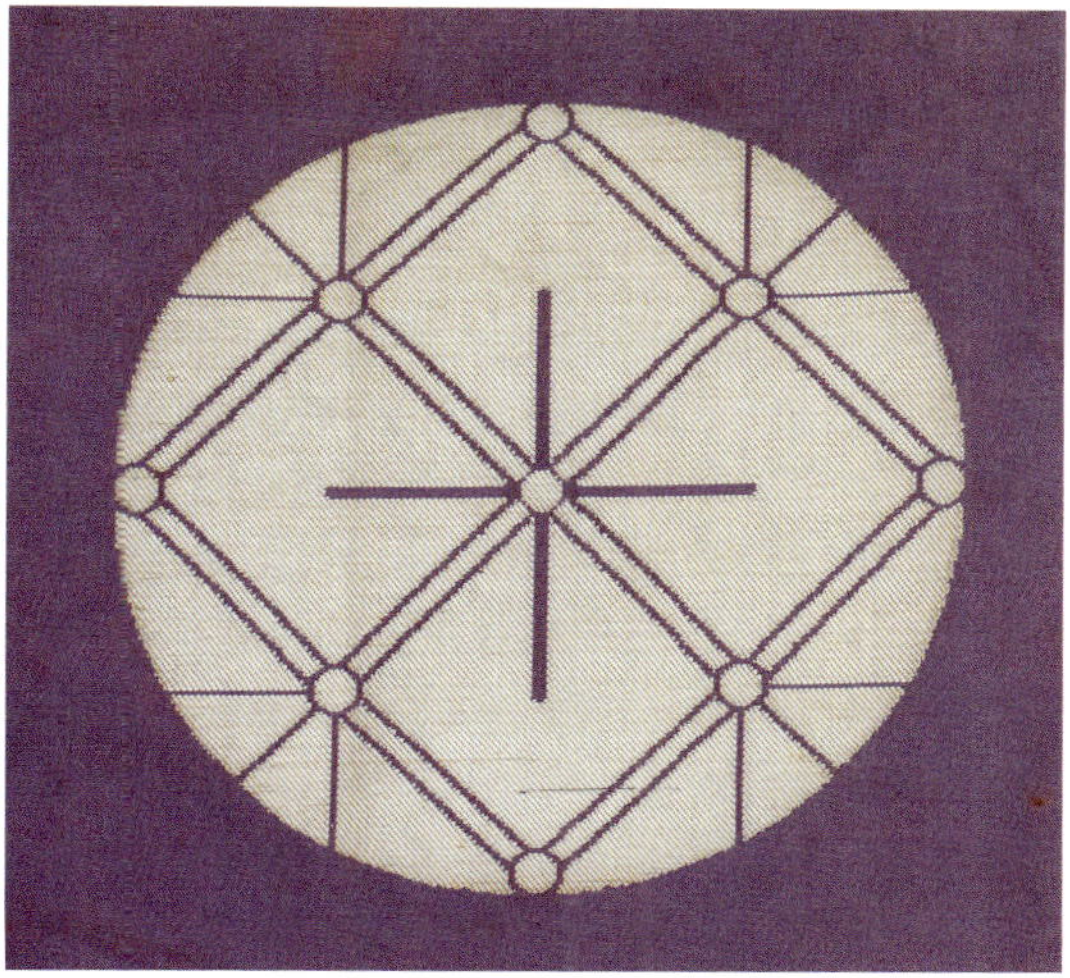

紫《むらさき》地《ぢ》白又《しろまた》木《き》形文綾《かたもんあや》(二条《にじょう》家)

白又《しろまた》木《き》形文綾《かたもんあや》

窠《か》

正倉院にも「窠」の文様の織物が遺されています。「窠」は、地上の鳥の巣を図案化したとも、瓜の輪切りを文様化したともいわれています。また、御簾《みす》の周囲に取り付けられた裂《きれ》の文様を「御簾帽額《もこう》」と称しますが、この「帽額」に「木瓜」の字をあてて「きゅうり」と読み、瓜の輪切りとする説もあります。因みに御所の御簾の裂は、紫《し》宸殿《しいでん》は縹《はなだ》、清涼殿《せいりょうでん》は青(緑)とされました。

ところで精華家《せいがけ》(後述)の徳大寺《とくだいじ》家の祖となった実能《さねよし》(一〇九六～一一五七)は自家の牛車の車文の「御簾帽額」を家紋にしました。

「窠」の中には色々な文様を入れました。一般的には「窠」の中心から八方に放射線状に広がる「丁字《ちょうじ》」に向かって羽根を広げた四羽の「蝶」を上下左右に配置しますが、「八藤《やつふじ・はっとう》」を入れた「窠中八藤《かちゅう》」や「龍胆《りんどう》」を四方に向かい合わせた「窠中龍胆」もあり、さらに賀茂社では「葵」も組み合わせました。

天皇の「黄櫨染袍《こうろぜんのほう》」や、四十歳以下の公卿が「束帯《そくたい》」を着用する時の表袴《うえのはかま》は白の浮織《うきおり》の「窠霰《かにあられ》(霰地窠文)」です。一方、四十歳以降は白の堅《かた》(固)地綾《ちあや》の「八藤」を用いました。また、「窠霰」を白の堅地綾で織って指貫《さしぬき》や指袴《さしこ》(切袴)などに仕立てることもありました。浮織の「窠

＊黒窠《くろかに》(唐花《からはな》)唐草文《からくさもん》(二條《にじょう》家)

＊黒窠《くろかに》(唐花《からはな》)唐草文《からくさもん》(九條《くじょう》家)

黄《き》雲《くも》文《もん》紗《しゃ》地《ぢ》色糸《いろいと》窠《か》(唐花《からはな》)文《もん》刺繍《ししゅう》

霰」は「女房装束」の裳《も》の一部である大腰《おおこし》や引腰《ひきこし》にも使われました。

皇太子の袍《うえのきぬ・ほう》は「黄丹《おうだん》」の「窠中鴛鴦」で、冬の指貫は紫の浮織の「窠霰」でした。

「窠」の地模様は「霰」だけではなく、「唐草」や「立涌《たてわく》」なども用いられました。

黒で「菊唐草」を地文とし、六花形の「窠」の中に九個の「菊紋」を九曜《くよう》に配置した「窠中八葉菊《はちようのきく》」は伏見宮の袍に用いられましたが、赤地で織られたもの、あるいは「窠中竹桐」と称する「窠中竹」と「窠中桐」の文様の袍は室町時代に上皇が用いました。また、六花形の「窠」の中心の「菊紋」の周囲に七個の「菊紋」を配置したものもありました。

摂関家《せっかんけ》(後述)である近衛《このえ》家の袍は鎌倉時代以降、室町時代頃までは、納言(大納言、中納言)の時には「雲立涌」の中に、六花形の「窠」に「唐草」を配置した「窠中唐草」を組み合わせた「雲立涌中窠」を用い、関白になれば「窠」を除き、かつ「雲」を大きくした「大雲立涌」としました。また、室町時代には「窠中唐草」は同じく摂関家である九條《くじょう》家の袍の異文《いもん》とされましたが、二條《にじょう》家や一條《いちじょう》家でも用いられました。この時代の摂関家では任槐《にんかい》(大臣就任)までは「窠中龍胆」も使用しました。

黒塗《くろぬり》地《ち》窠《か》文《もん》蒔絵《まきえ》御殿《ごてん》火鉢《ひばち》(部分)(徳大寺《とくだいじ》家家紋)

＊黒《くろ》窠《か》(唐花《からはな》)文《もん》

＊青《あお》(緑《みどり》)地《ち》黄《き》窠《かに》(唐花《からはな》)唐草文《からくさもん》(麹塵《きくじん》)

青《あお》(緑《みどり》)羽二重《はぶたえ》地《ぢ》黒《くろ》御簾《みす》帽額《もこう》文《もん》摺《すり》

青《あお》(緑《みどり》)羽二重《はぶたえ》地《ぢ》黄《き》御簾《みす》帽額《もこう》文《もん》摺《すり》

ところで、「窠霰」の地文の「霰」は古くから用いられました。「霰」は「石畳」や「市松」とも称されますが、「有職」では「市松」の名称は用いません。それは歌舞伎役者、初代の佐野川市松《さのがわいちまつ》（一七二二〜一七六二）が寛保元年（一七四一）に江戸の舞台で着た衣裳の文様が名称の由来だからです。そして納言以上は内々であっても「市松文様」の着物を着なかったそうです。

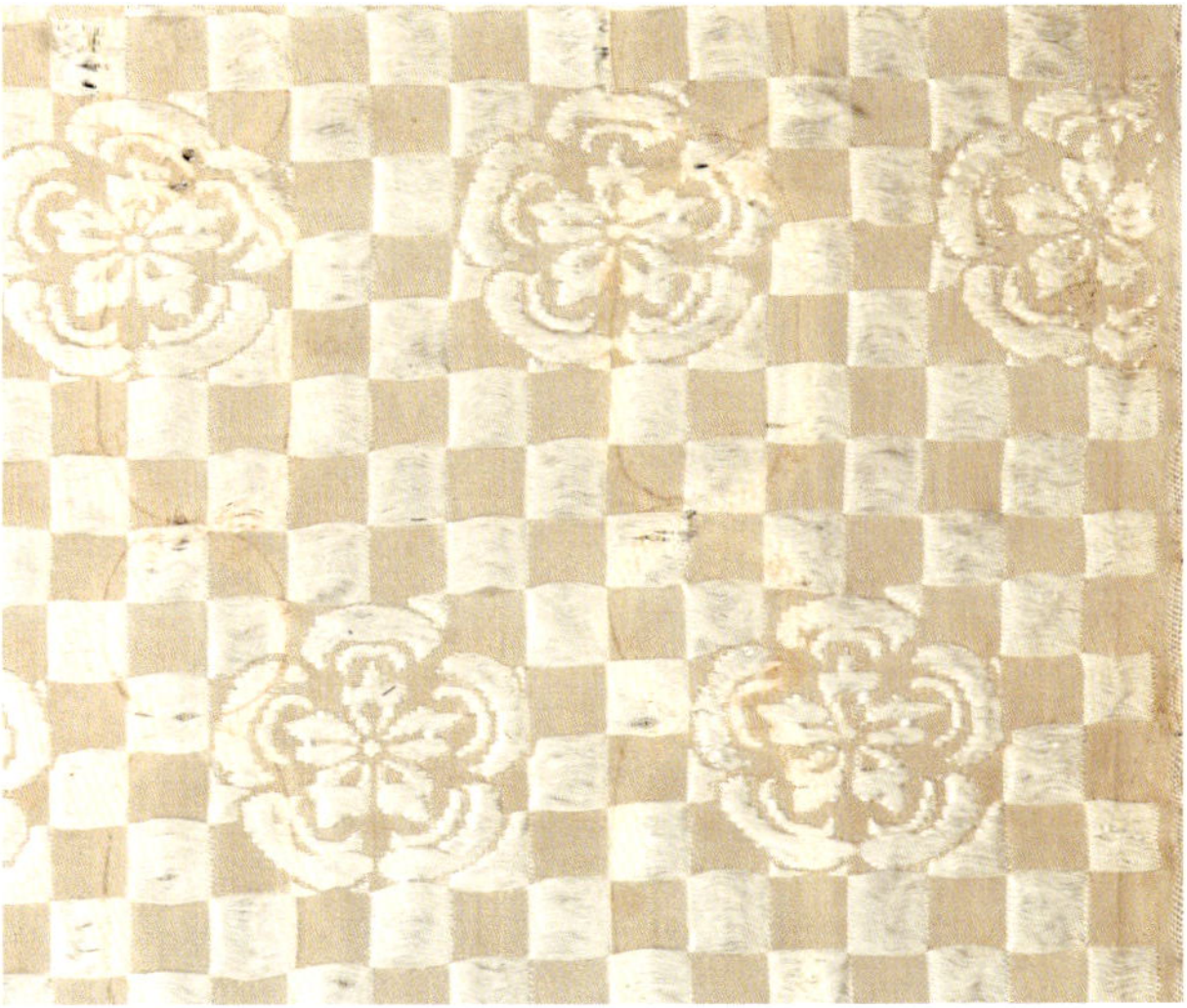

白窠《しろかに》（唐花《からはな》）霰《あられ》文《もん》浮《うき》織《おり》

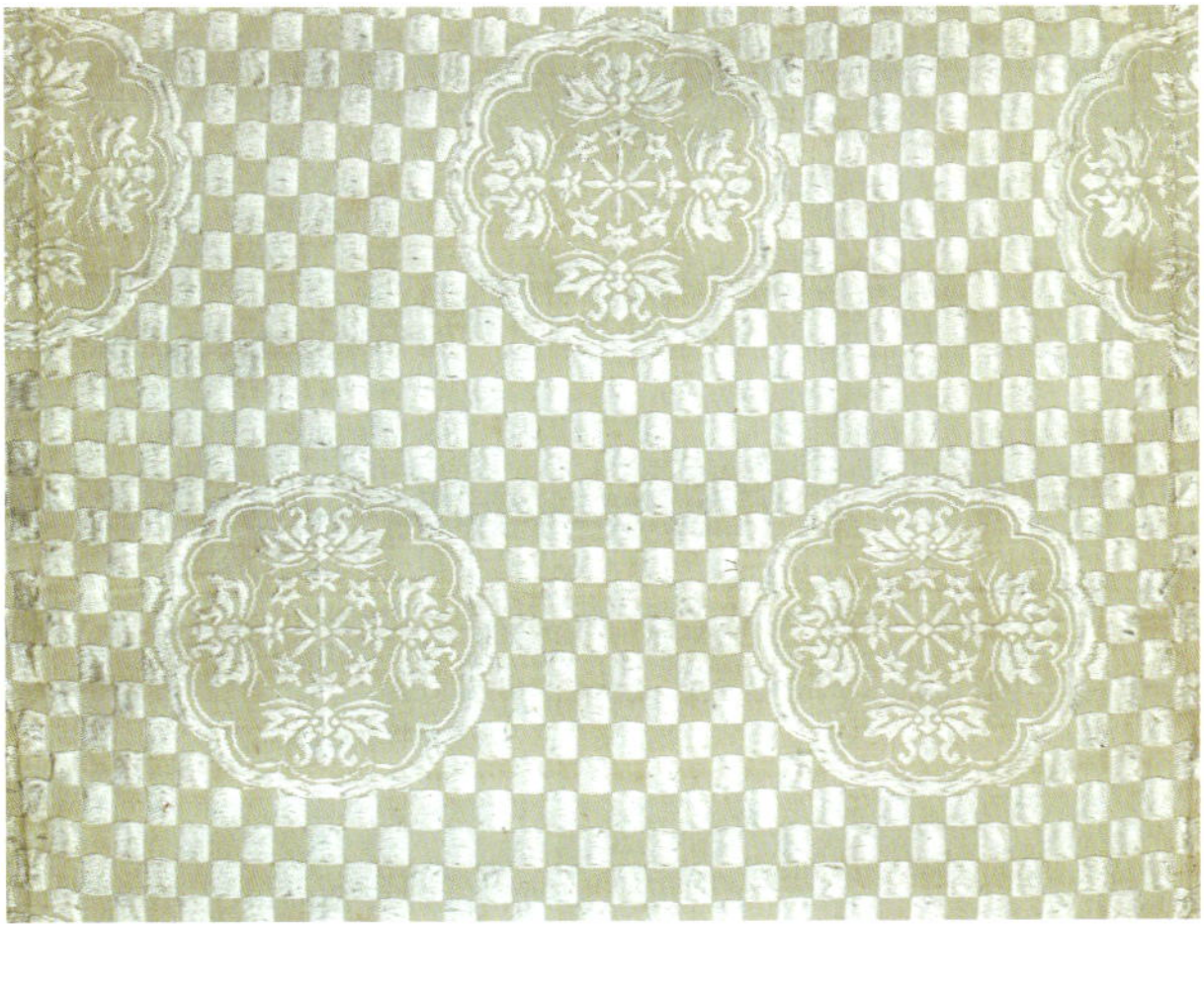

白窠《しろかに》（蝶丁字《ちょうちょうじ》）霰《あられ》文《もん》浮《うき》織《おり》

白窠《しろかに》（蝶丁字《ちょうちょうじ》）霰文《あられもん》綾《あや》

白窠《しろかに》（八藤花菱《やつふじ・はっとうはなひし》）霰文《あられもん》浮織《うきおり》

白紫《しろむらさき》霰《あられ》地《ち》色糸《いろいと》窠《か》（八藤花菱《やつふじ・はっとうはなひし》）文《もん》浮織《うきおり》

白窠《しろかに》(龍胆花菱《りんどうはなびし》)霰文浮織《あられもんうきおり》

白窠《しろかに》(八藤《やつふじ・はっとう》葵花菱《あおいはなびし》)霰文浮織《あられもんうきおり》

＊黒窠《くろかに》(龍胆花菱《りんどうはなひし》)唐草文《からくさもん》(一條《いちじょう》家)

＊黒窠《くろかに》(龍胆花菱《りんどうはなひし》)唐草文《からくさもん》(醍醐《だいご》家)

＊黒窠《くろかに》(龍胆《りんどう》)唐草文《からくさもん》

蘇芳《すおう》亀甲《きっこう》地《ち》白《しろ》窠《か》(龍胆《りんどう》)文《もん》二《ふた》陪《え》織《おり》

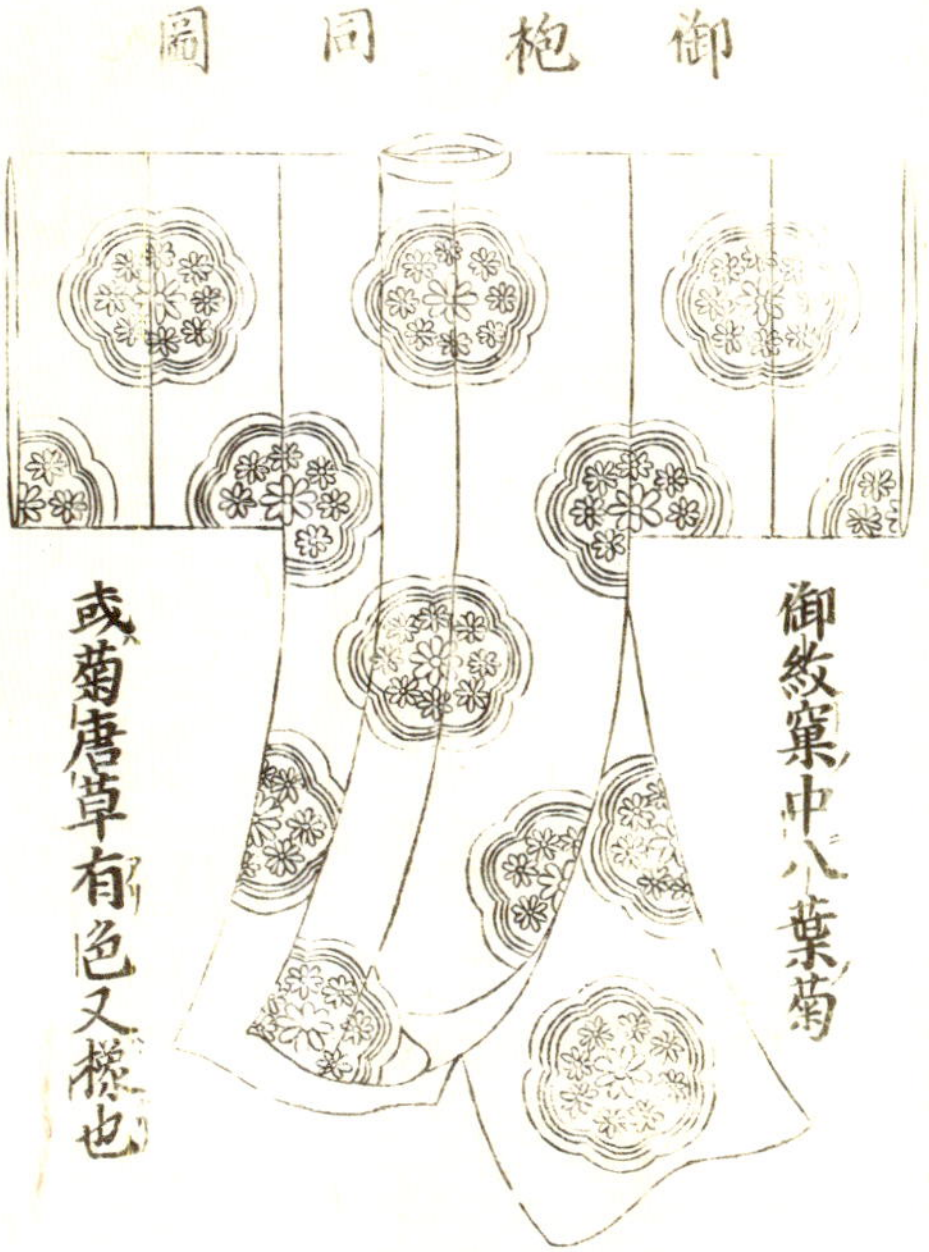

黒窠中八葉菊菊唐草文《くろかちゅうはちようのきくにきくからくさもん》（有栖川宮《ありすがわのみや》、後陽成《ごようぜい》院《いん》の異文《いもん》）

＊黒窠中八葉菊菊唐草文《くろかちゅうはちようのきくにきくからくさもん》（伏見宮《ふしみのみや》）

＊赤《あか》窠《か》中八葉菊菊唐草文《ちゅうはちようのきくにきくからくさもん》（上皇《じょうこう》、後陽成院《ごようぜいいん》）

桑《くわ》木《き》池《ち》八葉九《はちようのここの》重《え》菊紋《きくもん》蒔《まき》絵《え》香箱《こうはこ》（部分）

紫《むらさき》八葉菊《はちようのきく》御《ご》紋綾《もんあや》

＊赤《あか》窠《か》中《ちゅう》竹《たけ》桐《きり》文《もん》（上皇《じょうこう》）

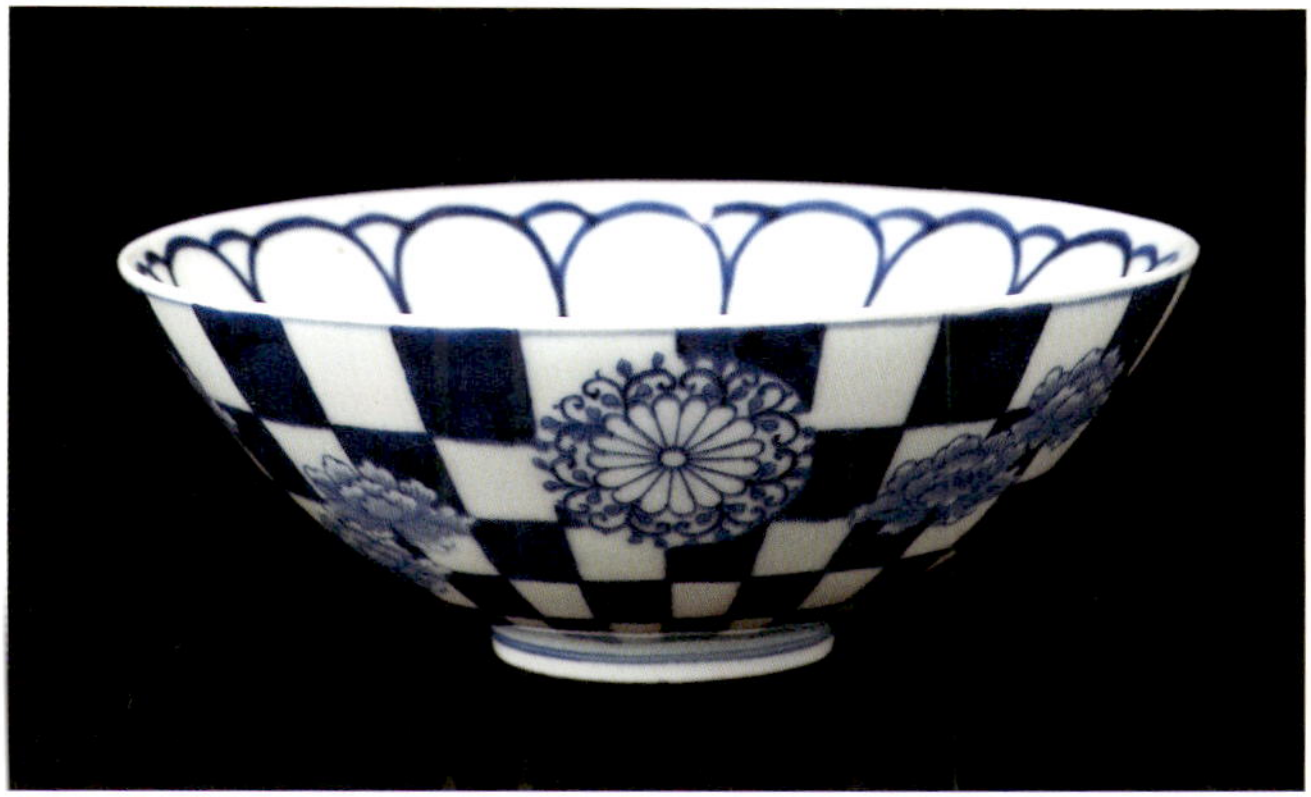

光格天皇《こうかくてんのう》菊紋《きくもん》霰文《あられもん》漱碗《うがいわん》

金《きん》赤《あか》霰《あられ》地《ぢ》色糸《いろいと》向《むかい》鳳凰丸《ほうおうのまる》菊丸《きくのまる》牡丹丸《ぼたんのまる》文《もん》金襴《きんらん》

菊《きく》御紋《ごもん》窠霞《かにあられ》文《もん》皿《さら》

菊《きく》御紋《ごもん》窠唐草《かにからくさ》文《もん》皿《さら》

菊《きく》御紋《ごもん》窠霞《かにあられ》花菱唐草《はなびしにからくさ》文《もん》皿《さら》

藤《ふじの》巴《ともえ》（藤鞆絵・藤《ふじの》丸《まる》）

室町時代には洞院《とういん》家の任槐《にんかい》（大臣就任）後の袍《うえのきぬ・ほう》の異文《いもん》とされました。

青《あお》（緑《みどり》）地《ぢ》雲立涌中藤巴文金襴《くもたてわくちゅうふじのともえもんきんらん》

青《あお》（緑《みどり》）藤立涌中藤巴文紗《ふじたてわくちゅうふじのともえもんしゃ》

種々の丸文

「有職」では「丸文」は好まれ、「海松《みる》」や「波」、「折枝《おりえ》」(後述)なども丸文で表されました。また「高麗縁《こうらいへり》」の「大紋《だいもん》」は摂政・関白や大臣の畳の縁として平安時代から用いられました。

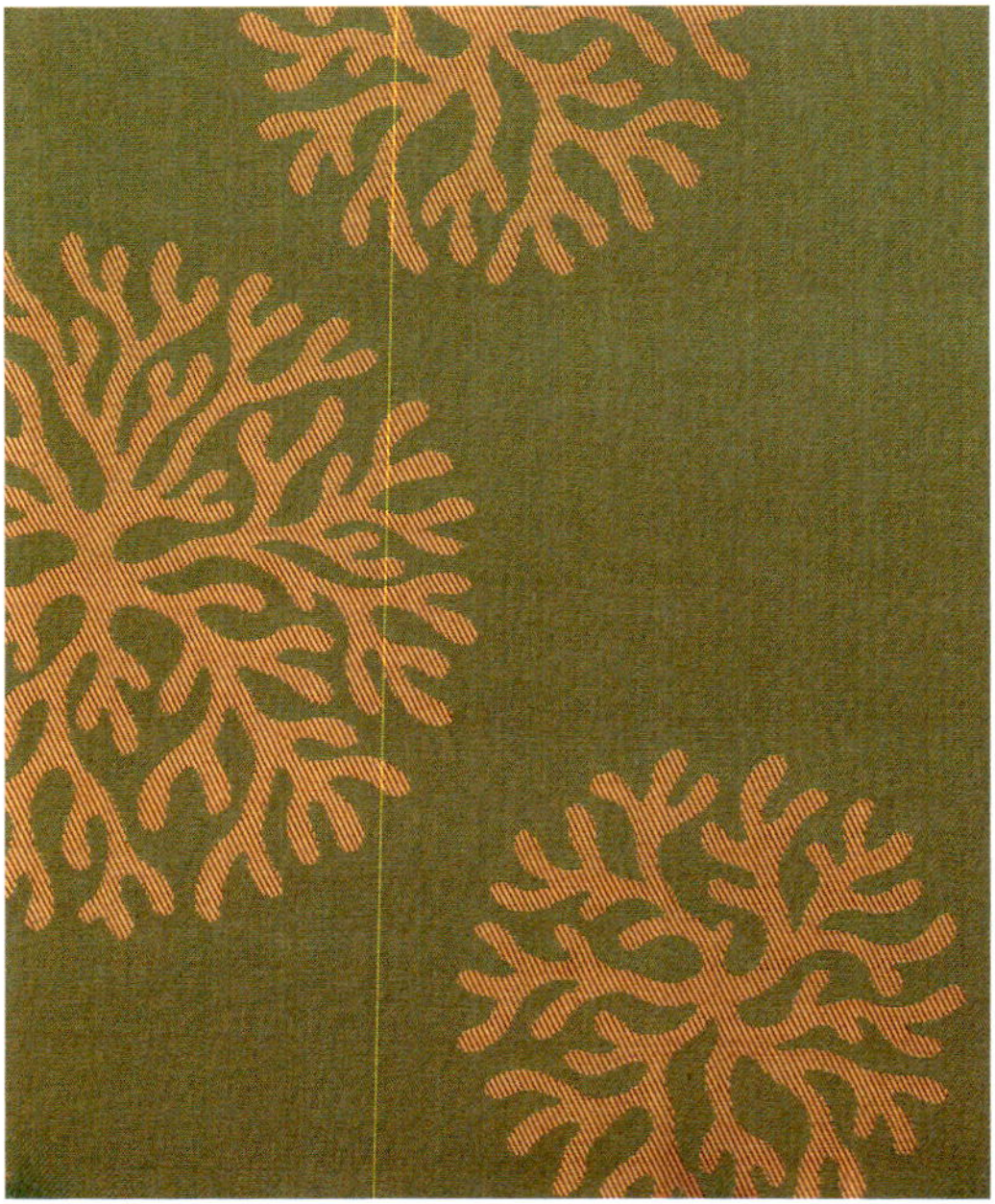

青《あお》(緑《みどり》)地《ぢ》黄《き》海松丸文綾《みるのまるもんあや》(麹塵《きくじん》)

薄色《うすいろ》海松《みる》丸《のまるに》亀甲《きっこう》丸文紗《のまるもんしゃ》

白地《しらぢ》海松《みる》丸文金襴《のまるもんきんらん》

白《しろ》小《こ》葵《あおい》地《ち》青《あお》(緑《みどり》)向《むかい》根《ね》引松丸文《ひきまつのまるもん》二陪《ふたえ》織《おり》

紫《むらさき》 向《むかい》根《ね》引松丸文《ひきまつのまるもん》紗《しゃ》

濃朽《こきくつ》葉《は》根《ね》引松竹丸文《ひきまつたけのまるもん》綸子《りんず》

紅《くれない》 紗《しゃ》地《ぢ》白鉄線丸文《しろてっせんのまるもん》縫取織《ぬいとりおり》

白紗《しろしゃ》地《ち》白梅丸《しろうめのまるに》牡丹丸文《ぼたんのまるもん》縫取織《ぬいとりおり》

青《あお》（緑《みどり》）地《ち》蔦葛唐草波丸文《つたくずからくさになみのまるもん》金襴《きんらん》

青《あお》（緑《みどり》）楓丸文《かえでのまるもん》紗《しゃ》

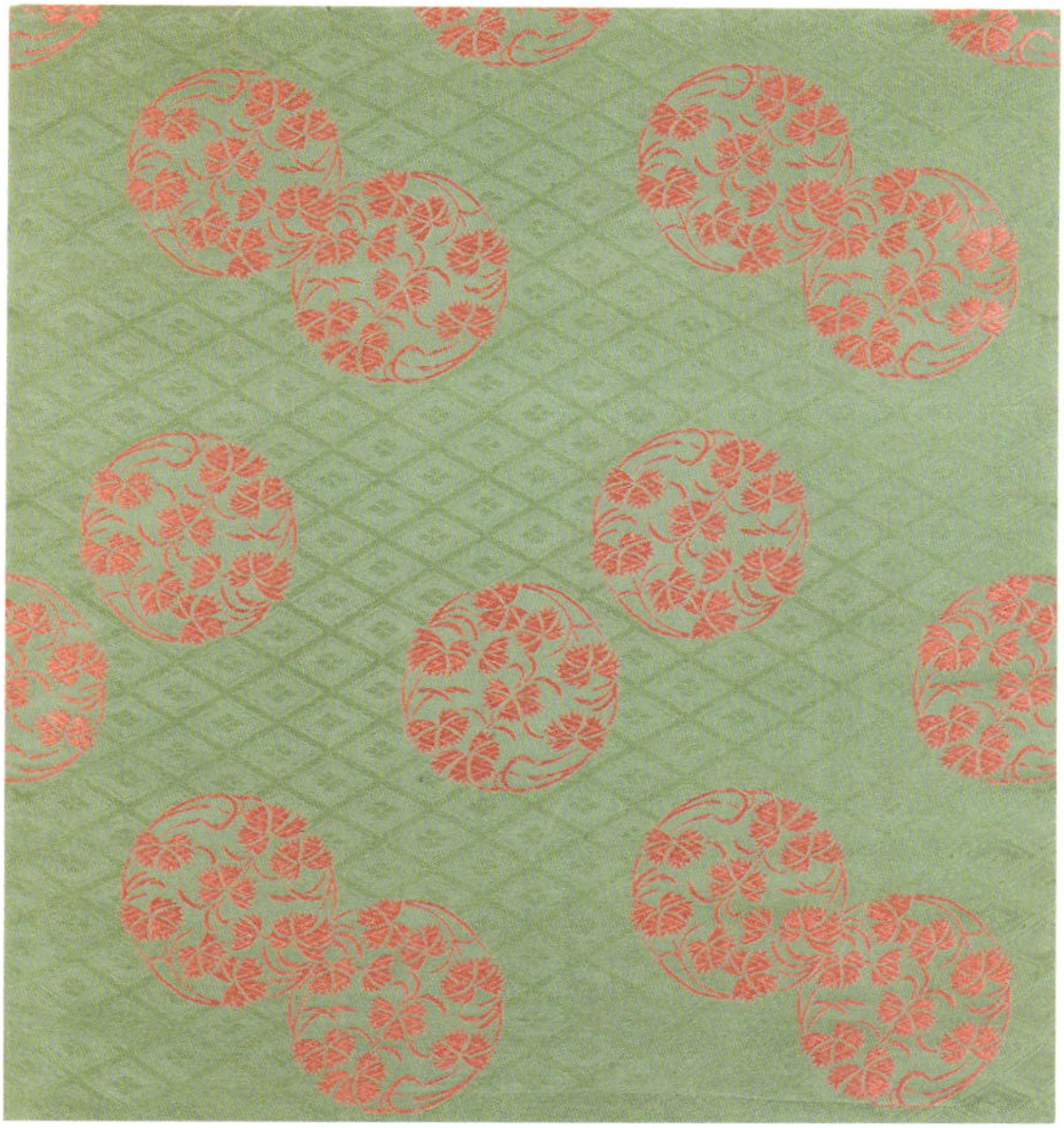

浅葱《あさぎ》三重《みえ》襷文《たすきもん》綾《あや》地《ち》薄紅《うすきくれない》撫子丸文《なでしこのまるもん》縫取織《ぬいとりおり》

濃朽葉《こきくつは》地《ち》紅《くれない》雲菱《くもひしに》色糸《いろいと》
梅丸藤丸文錦《うめのまるふじのまるもんにしき》

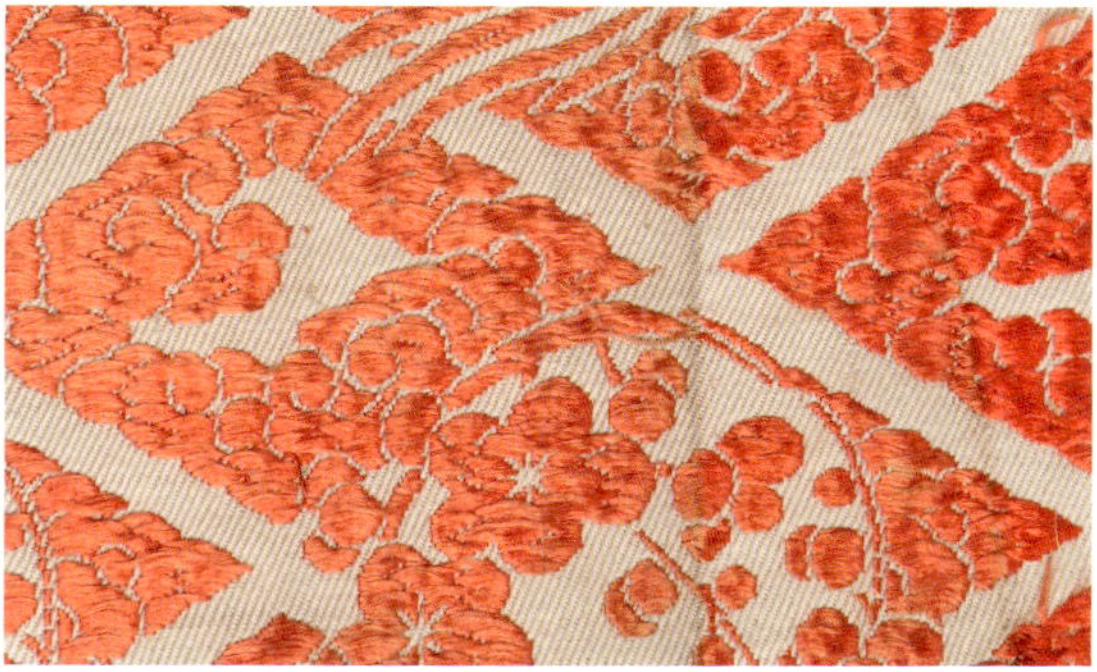

白《しら》地《ぢ》紅《くれない》雲菱《くもひしに》梅丸文《うめのまるもん》浮織《うきおり》

菊《きく》御《ご》紋《もん》鶴雲丸《つるにくものまる》文《もん》嗽碗《うがいわん》

菊《きく》御《ご》紋《もん》向《むかい》根《ね》引松丸《ひきまつのまるに》梅丸《うめのまる》文《もん》碗《わん》

菊《きく》御紋《ごもん》萩丸《はぎのまるに》女郎花丸《おみなえしのまる》文《もん》蓋物《ふたもの》

鳳凰《ほうおうに》菊丸《きくのまる》文《もん》碗《わん》

赤地《あかぢ》黄《き》輪《わ》中花菱文《ちゅうはなひしもん》錦《にしき》

この文様は「窠《か》」に分類されることもありますが、通常の「窠」のように「飛文《とびもん》」とされることはないため「窠」とはしませんでした。

赤《あか》地《ち》色糸《いろいと》輪《わ》中《ちゅう》花《はな》菱《ひし》文《もん》錦《にしき》

大《たい》紋《もん》高麗《こうらい》縁《へり》

菱《ひし》文《もん》

横《よこ》菱《ひし》

「束帯《そくたい》」の下襲《したがさね》の裏や単《ひとえ》の一般的な文様です。「四菱《よつひし》」のように四つの「菱」を単位としています。

冬の下襲や裾《きょ》の裏は黒や蘇芳《すおう》の堅《かた》(固)地綾《ちあや》、夏の下襲や裾は蘇芳の縠織《こめおり》でした。また、「女房装束」の唐衣《からきぬ》の裏にも堅地綾で織られて用いられました。一方、単の色と織りは天皇から六位まで紅《くれない》の堅地綾ですが、天皇や摂関家《せっかんけ》(後述)などは「横菱」ではなく、「立菱《たてひし》」でした。通常の単は紅ですが、「衣冠《いかん》」や「直衣《のうし》」「狩衣《かりきぬ》」などの時には、若年者は濃《こき》(深蘇芳《ふかきすおう》よりも濃い色)、壮年は萌黄《もえき》や黄、宿徳《しゅうとく》は青(緑)、極　老《ごくろう・きょくろう》は白を用いました。若年者は「菱文」が接近する「繁菱《しげひし》」ですが、年長者は「菱文」の間隔を離した「遠菱《とおひし》」、老年は「四菱」ではなく「一菱《ひとつひし》」を用いました。

＊黒横遠菱文《くろよことおひしもん》(諸家老年《しょけろうねん》)

紅《くれない》横繁菱文綾《よこしげひしもんあや》(諸家《しょけ》若年《じゃくねん》)

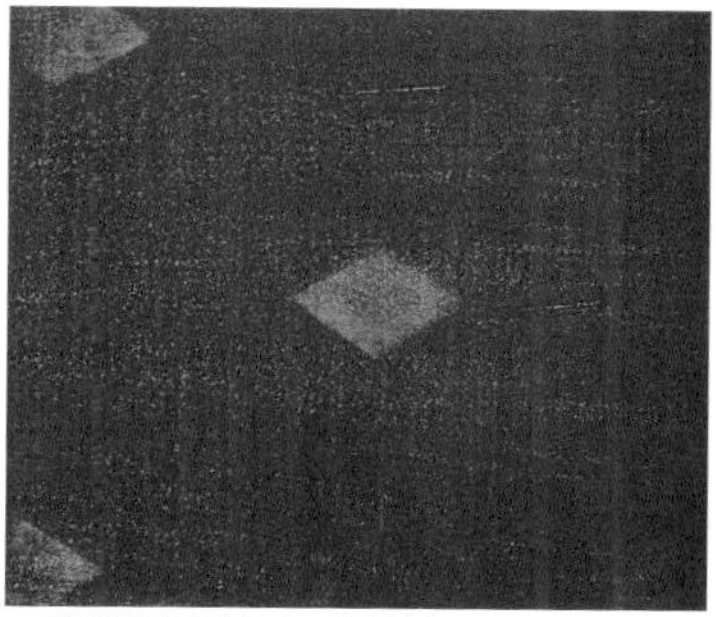

＊紅《くれない》横遠菱文《よことおひしもん》(諸家《しょけ》老年《ろうねん》)

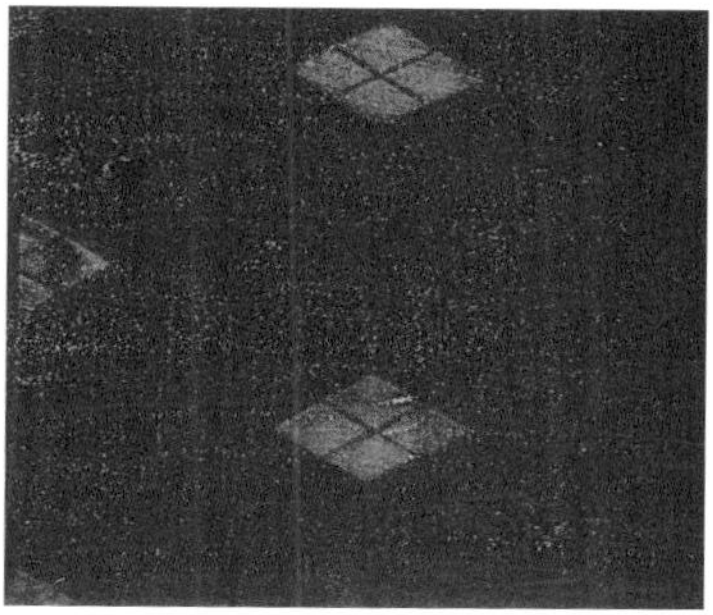

＊紅《くれない》横遠菱文《よことおひしもん》(諸家《しょけ》壮年《そうねん》)

浅葱《あさぎ》横繁菱文綾《よこしげひしもんあや》（諸家《しょけ》若年《じゃくねん》）

白《しろ》横繁菱文綾《よこしげひしもんあや》（五十歳以降）

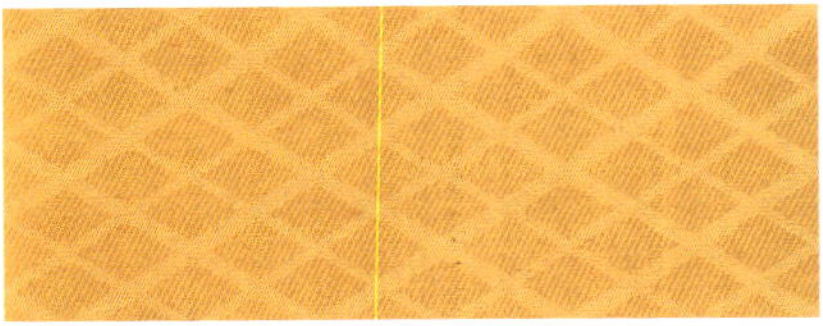

黄《き》横繁菱文綾《よこしげひしもんあや》（四十歳以降）

濃《こき》横繁菱文綾《よこしげひしもんあや》（十五歳未満）

黒塗《くろぬり》地《ぢ》藤《ふじ》横菱文《よこひしもん》蒔絵《まきえ》天目《てんもく》碗蓋《わんふた》

糸鞋《しかい》の横菱文《よこひしもん》

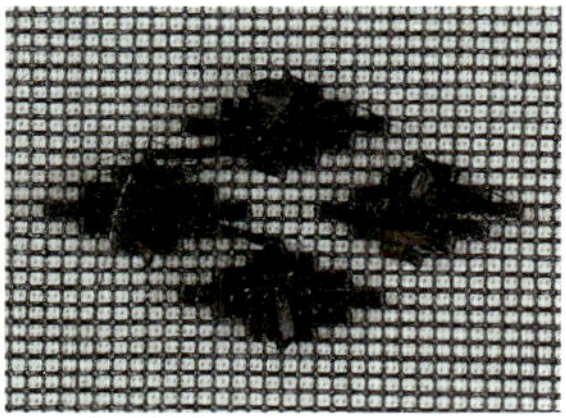

冠の横菱文《よこひしもん》（一條《いちじょう》家）

立《たて》菱《ひし》

天皇や皇太子、摂関家《せっかんけ》（後述）などは「立菱」を用いました。色と織は「横菱《よこひし》」と同様です。

また、摂関家の九条《くじょう》家や一条《いちじょう》家では裾《きょ》や指貫《さしぬき》に「立菱」を用い、「唐菱《からひし》」と称しました。

＊黒立遠菱文《くろたてとおひしもん》（摂家《せっけ》壮年《そうねん》）

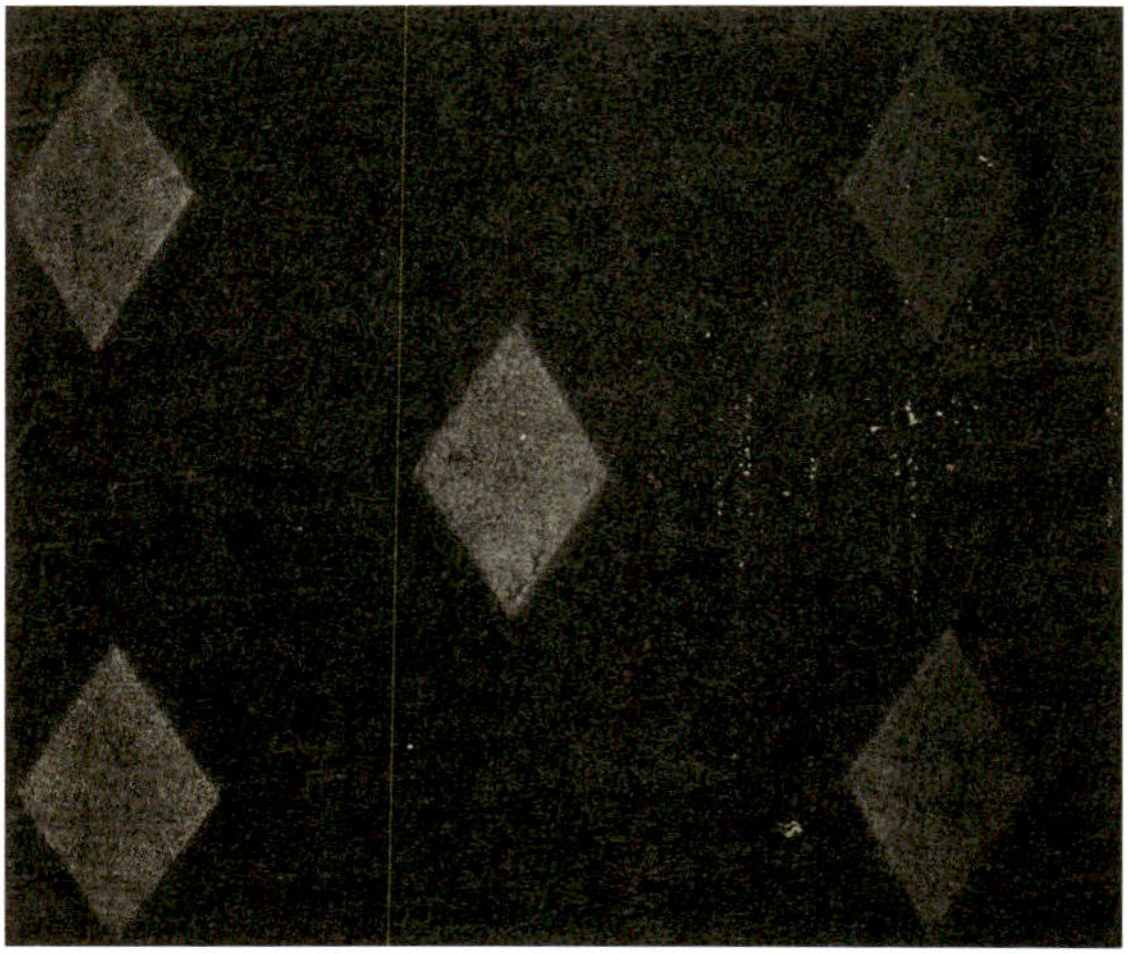

＊黒立遠菱文《くろたてとおひしもん》（摂家《せっけ》老年《ろうねん》）

＊黒唐菱文《くろからひしもん》

＊紫《むらさき》地《ぢ》白唐菱文《しろからひしもん》（九條《くじょう》家・一條《いちじょう》家）

繧繝《うげん・うんげん》

原型は正倉院に遺されていますが、鎌倉時代以降は、天皇や上皇など、皇族の畳の縁《へり》に使用されました。この時には「菱文」を二つ半出します。

繧繝錦《うげん・うんげんにしき》

繧繝縁《うげん・うんげんへり》

繧繝錦《うげん・うんげんにしき》

繧繝錦《うげん・うんげんにしき》

花菱《はなひし》

単《ひとえ》の文様としても用いられました。年長者は「花菱」の間隔を離した「遠文《とおもん》」でした。「花菱」にも「立花菱」があり、皇族や摂関家《せっかんけ》(後述)専用で、上皇や近衛《このえ》家の単に用いられたこともありました。

白花菱文紗《しろはなひしもんしゃ》

白松竹梅鶴花菱文緞子《しろしょうちくばいにつるはなひしもんどんす》

桜《おう》花《か》紋《もん》花菱《はなひしに》唐草《からくさ》文《もん》皿《さら》

菊《きく》御《ご》紋《もん》襷《たすき》中《ちゅう》花菱《はなひし》文《もん》嗽碗《うがいわん》

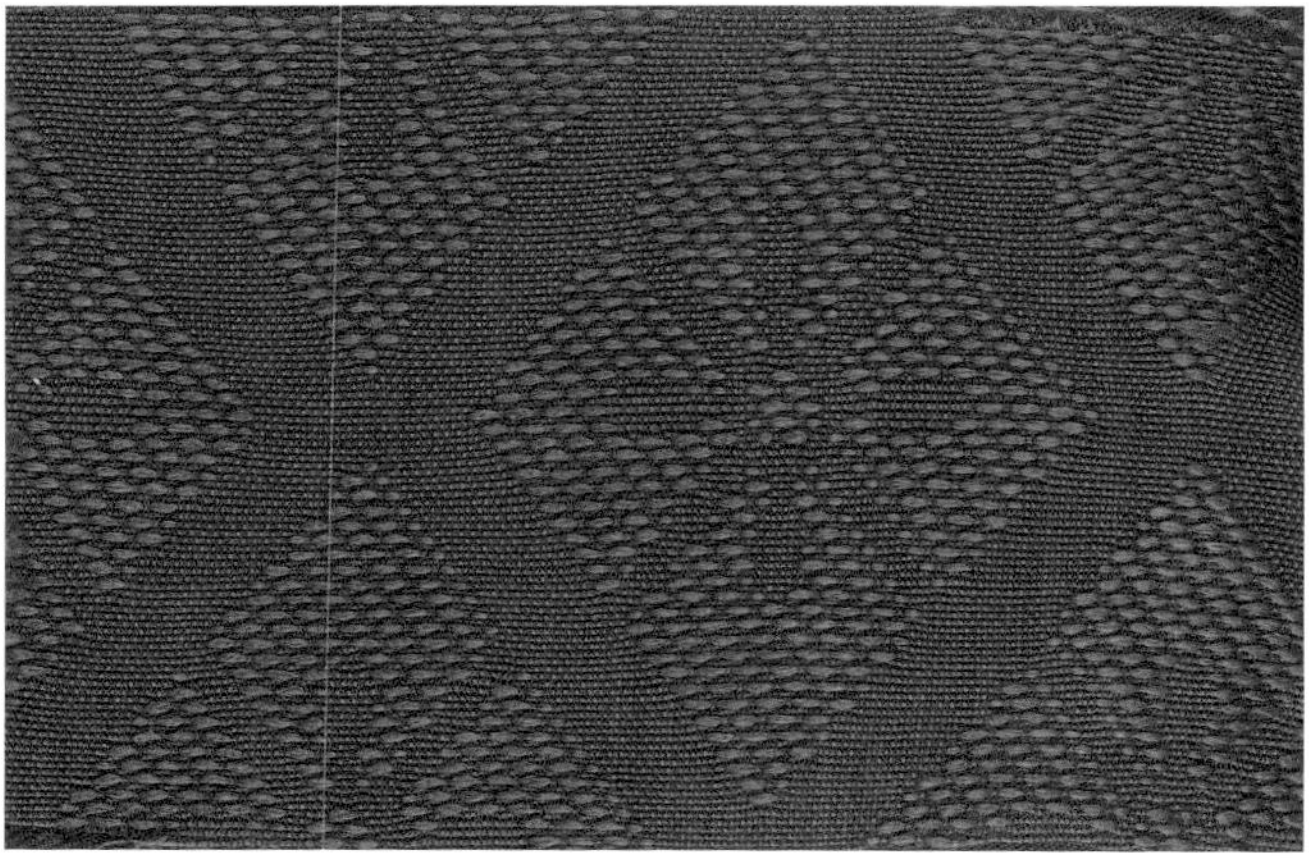

紅《くれない》立《たて》繁《しげ》花《はな》菱《ひし》文《もん》紗《しゃ》

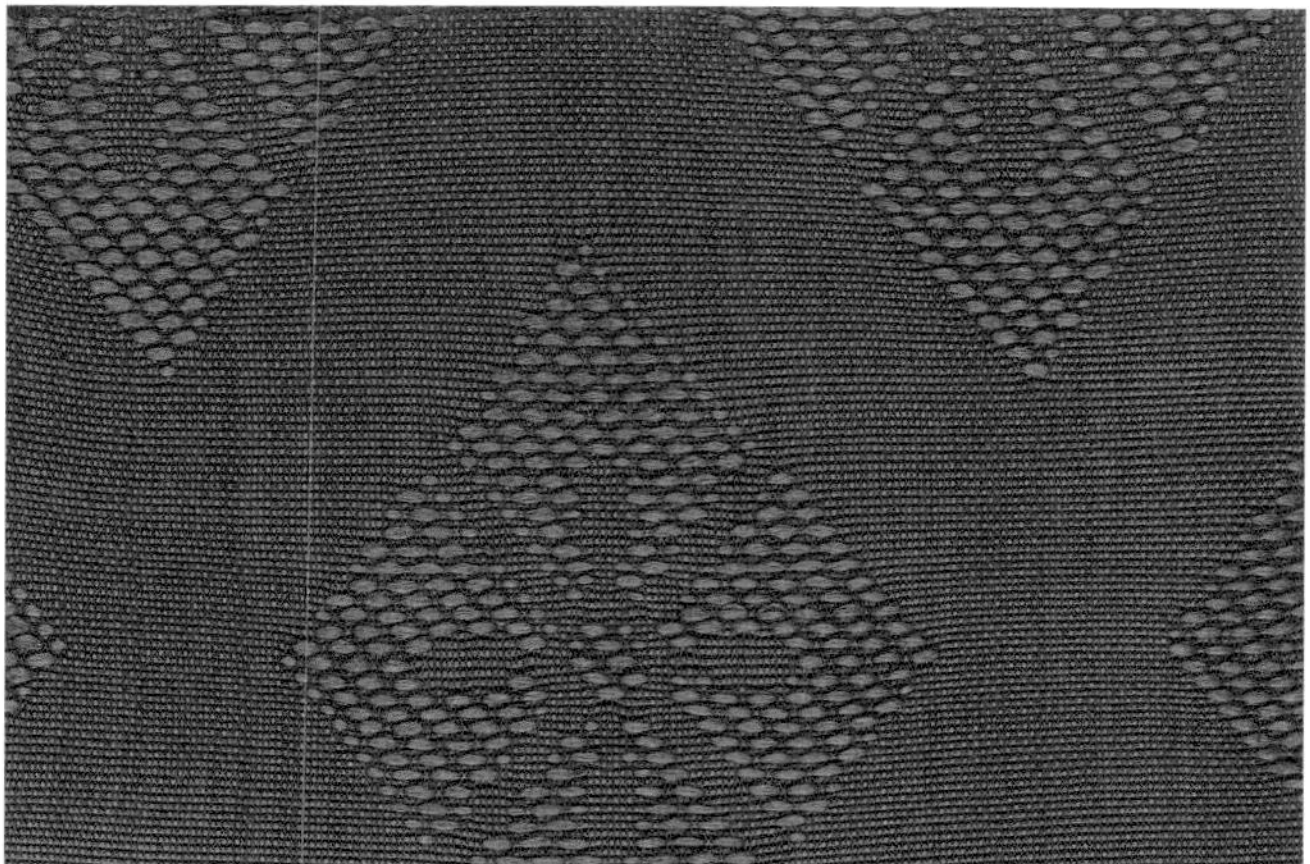

紅《くれない》立《たて》遠《とお》花《はな》菱《ひし》文《もん》紗《しゃ》

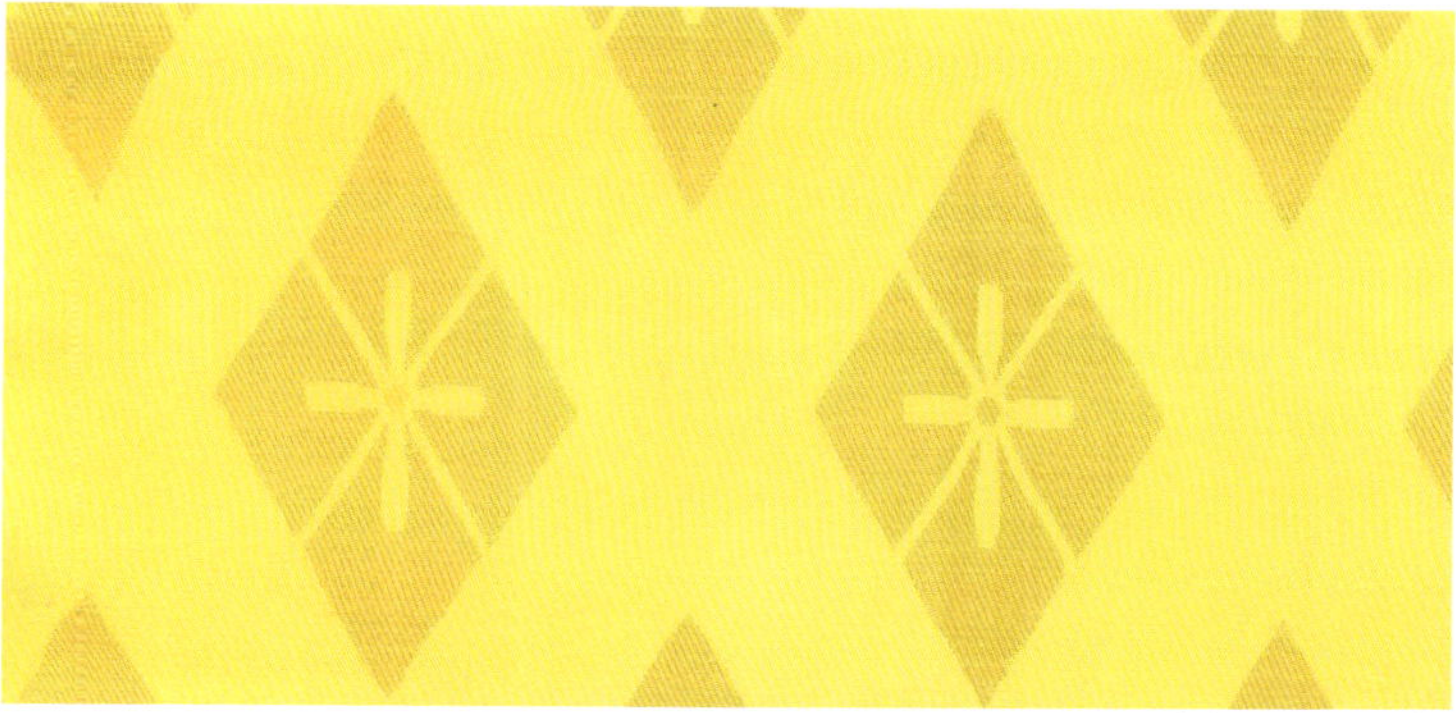

黄《き》立遠花菱文綾《たてとおはなひしもんあや》

紅《くれない》立遠花菱文綾《たてとおはなひしもんあや》

幸《さいわい》菱（先合《さきあい》〈間〉菱・千剣《せんけん》菱）

水草の菱が蔓《はびこ》延り繁る様を表すとも、菱の花の先と先とが寄り合う様ともいわれる文様です。「女房装束」の単《ひとえ》に用いられます。色は紅《くれない》や萌《もえ》黄《き》などで綾《あや》で織られました。「幸菱」にも「立幸菱」がありました。

元来は菱と菱の先が合っている、あるいは間《あ》いていることから「先合(間)菱」と呼ばれましたが、縁起の良い文字を充てて「幸菱」になりました。「衣紋《えもん》」の宗家の高倉家では「幸菱」、山科家では文字を変えて「千剣菱」と呼ばれています。

白幸菱文浮織《しろさいわいひしもんうきおり》

白幸菱文綾《しろさいわいひしもんあや》

紅《くれない》幸《さいわい》菱《ひし》文《もん》浮織《うきおり》

蘇芳《すおう》幸《さいわい》菱《ひし》文《もん》浮織《うきおり》

青《あお》(緑《みどり》)幸菱《さいわいひし》文綾《もんあや》

萌《もえ》黄《き》幸菱《さいわいひし》文綾《もんあや》

薄紅《うすきくれない》 幸菱《さいわいひし》文綾《もんあや》

紅《くれない》 幸菱《さいわいひし》文綾《もんあや》

黄《き》幸《さいわい》菱《ひし》文《もん》綾《あや》

白《しろ》幸《さいわい》菱《ひし》文《もん》浮織《うきおり》地《ち》金《きん》赤《あか》九重《ここのえ》菊《きく》紋《もん》縫取《ぬいとり》織《おり》

青《あお》(緑《みどり》) 幸《さいわい》 菱《ひし》文《もん》綾《あや》

薄《うすき》紅《くれない》 幸《さいわい》 菱《ひし》文《もん》綾《あや》

浅葱《あさぎ》立《たて》幸《さいわい》菱《ひし》文《もん》綾《あや》

紅《くれない》立《たて》幸《ざいわい》菱《ひし》文《もん》綾《あや》

松皮菱

「松皮」を表す文様で、地文としても用いられました。

赤青《あかあお》(緑《みどり》)段地《だんち》松皮菱《まつかわびし》色糸《いろいと》牡丹《ぼたん》折枝《おりえ》文《もん》唐織《からおり》

菊御紋《きくごもん》松皮菱《まつかわびし》松丸《まつのまる》竹丸《たけのまる》梅丸《うめのまる》文《もん》合子《ごうす》

菊《きく》御《ご》紋《もん》松《まつ》皮《かわ》菱《ひしに》藤《ふじ》文《もん》火《ひ》入《いれ》

鳳《ほう》凰《おうに》松《まつ》皮《かわ》菱《ひし》中《ちゅう》花《はな》菱《ひし》文《もん》皿《さら》

黄《き》松皮菱《まつかわひし》中《ちゅう》裏《うら》八重《やえ》桜花《おうか》文《もん》緞子《どんす》

金地《きんぢ》色糸《いろいと》松皮菱《まつかわひし》中《ちゅう》雲菊《くもにきく》花《か》蝶《ちょう》文《もん》金襴《きんらん》

白《しろ》絽《ろ》地《ぢ》藍《あい》松皮菱《まつかわひし》八藤《にやつふじ・はっとう》文《もん》染《そめ》

濃《こき》朽《くつ》葉《は》地《ぢ》赤《あか》青《あお》(緑《みどり》)松皮菱《まつかわひし》菊《きく》御《ご》紋《もん》浮織《うきおり》

種々の菱文

「菱文」も「有職」では好まれ、「八藤《やつふじ・はっとう》」や「雲」なども「菱文」として用いられました。

在原業平《ありわらのなりひら》（八二五〜八八〇）の名前に因む「業平菱」は「有職」の雰囲気があり、「鳳凰」や「桐」なども組み合わされることがありますが、綸子や金襴で織られることが多く、「有職」で用いることはありません。江戸時代に考案されました。

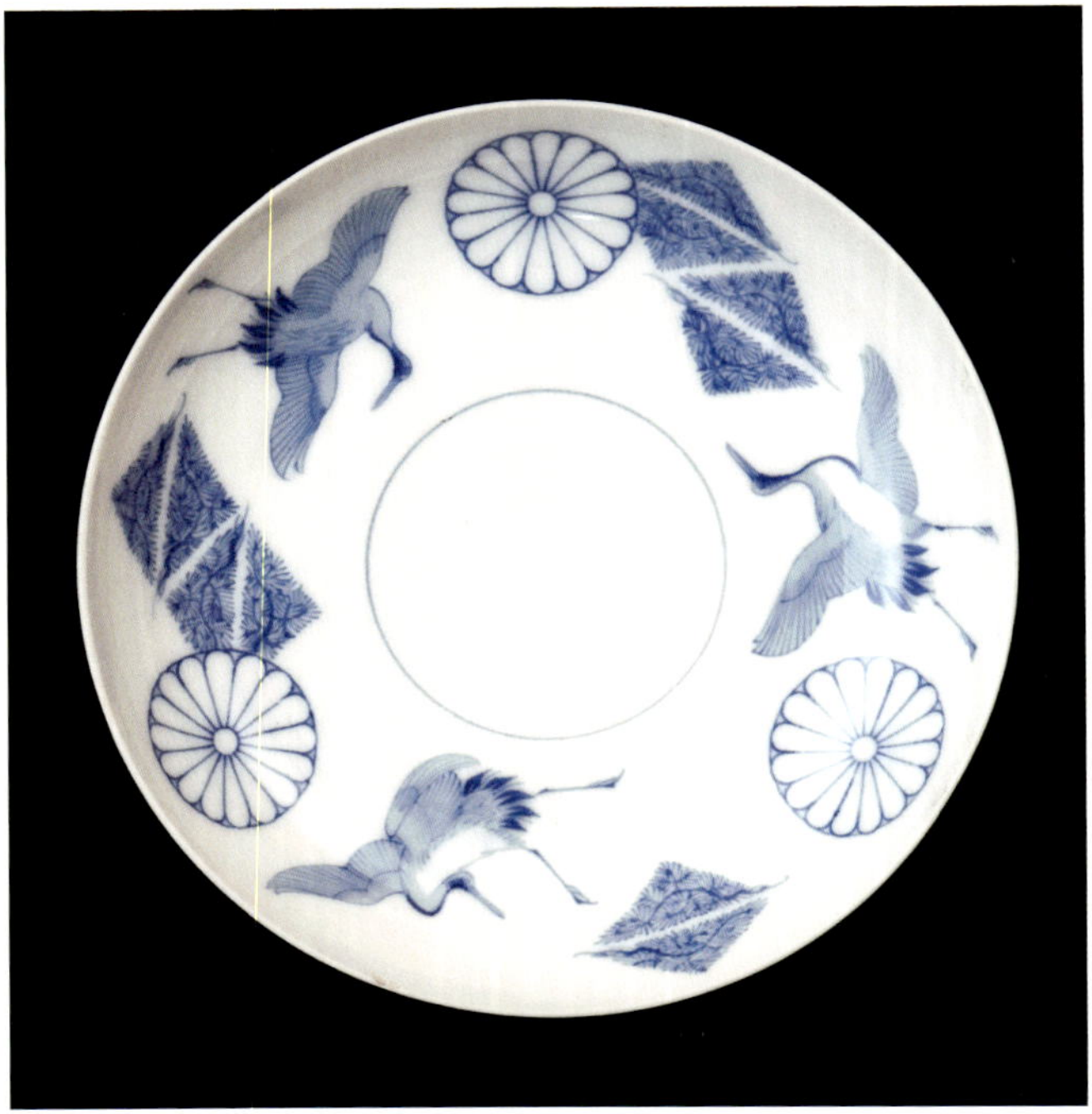

菊御紋《きくごもん》鶴向《つるにむかい》松菱文皿《まつひしもんさら》

＊海松《みる》色《いろ》向《むかい》松《まつ》菱《ひし》文《もん》

麹塵《きくじん》竹《たけ》立涌《たてわくに》海松《みる》菱《ひし》文《もん》緞子《どんす》

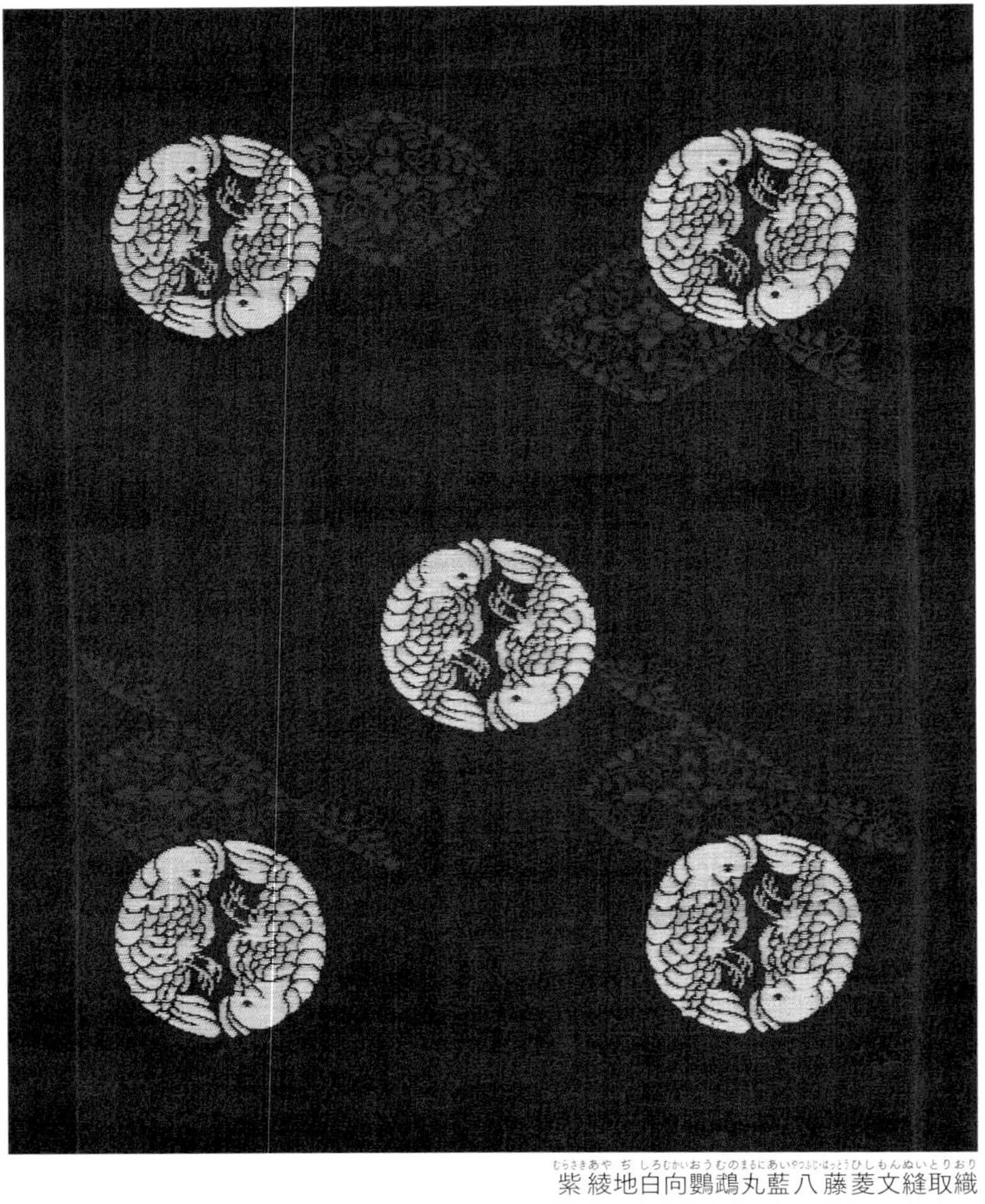

紫《むらさき》綾《あや》地《ち》白《しろ》向鸚鵡丸《むかいおうむのまるに》藍《あい》八藤《やつふじ・はっとう》菱《ひし》文《もん》縫取織《ぬいとりおり》

菊《きく》御《ご》紋《もん》菊花《きくかに》八藤《やつふじ・はっとう》菱《ひし》文《もん》皿《さら》

菊《きく》御《ご》紋《もん》鳳凰《ほうおうに》八藤《やつふじ・はっとう》菱《ひし》文《もん》蓋物《ふたもの》

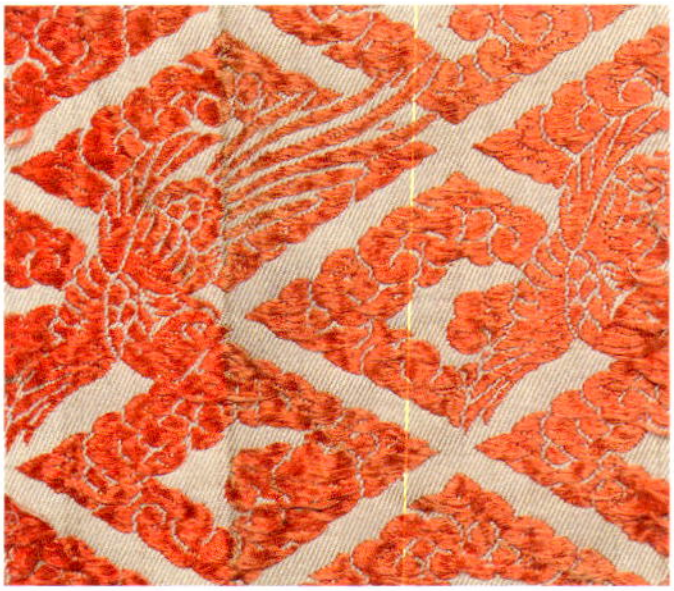

白《しら》地《ぢ》紅《くれない》雲菱《くもひしに》鳳凰《ほうおう》文《もん》浮織《うきおり》

白《しら》地《ぢ》紅《くれない》向雲菱《むかいくもひし》文《もん》綾《あや》

青《あお》(緑《みどり》)地《ぢ》萌黄《もえき》雲菱《くもひしに》紅白梅《こうはくうめ》折枝《おりえ》文《もん》錦《にしき》

菊《きく》御《ご》紋《もん》臥《ふせ》蝶《ちょうに》雲《くも》菱《ひし》文《もん》碗《わん》

菊《きく》御《ご》紋《もん》鶴《つるに》雲《くも》菱《ひし》文《もん》皿《さら》

紫《むらさき》綾《あや》地《ぢ》白《しろ》藤《ふじ》菱《ひしに》輪《わ》無《なし》唐草《からくさ》文《もん》縫取織《ぬいとりおり》

冠の俵菱《たわらびし》(近衛《このえ》家)

朱《しゅ》業平《なりひら》菱《ひし》文《もん》綸子《りんず》

紫《むらさき》地《ち》業平《なりひら》菱《ひし》文《もん》金襴《きんらん》

襷《たす》文《もん》

三《み》重《え》襷

斜めに交差する平行線で形成される「菱」の中に「菱」を入れ、その中心に「四菱《よつひし》」を入れた文様ですが、三本の直線で菱形が形成されるように見えることから「三重襷」と称されました。「三重襷」の原型は平安時代以前から存在していたようです。

天皇の日常着である「御引直衣《おひきのうし》」、また、上皇や公卿の夏の「直衣」の生地は穀織《こめおり》でした。地色は二藍《ふたあい》で、紅《くれない》で染めた上を藍で染め、若年ほど紅を濃く、年齢が上がるに従って紅を淡くして四十歳頃まで用いました。四十歳以降は縹《はなだ》、高齢者は白としました。

また、夏の半臂《はんぴ》は黒や二藍の穀織を用いました。

一方、「女房装束」の裳《も》にも用いられました。

＊濃二藍《こきふたあい》（縹《はなだ》）三《み》重《え》襷文《たすきもん》

二藍《ふたあい》三《み》重《え》襷文紗《たすきもんしゃ》

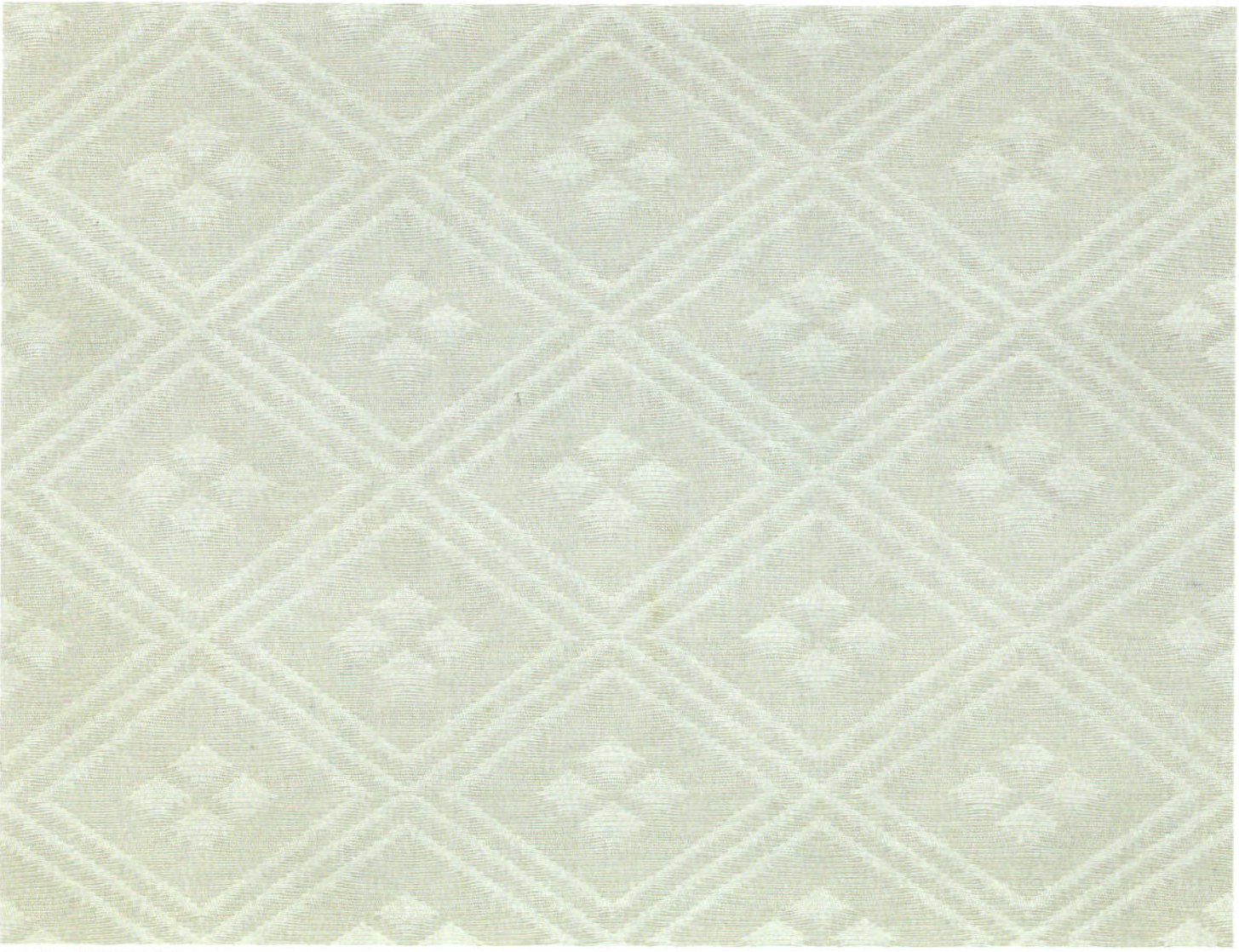

白《しろ》三《み》重《え》襷文紗《たすきもんしゃ》

菊《きく》御《ご》紋《もん》散《ちらし》三《み》重《え》襷《たすき》文《もん》火《ひ》入《いれ》

光格天皇《こうかくてんのう》菊《きく》紋《もん》三《み》重《え》襷《たすき》文《もん》碗《わん》

菊《きく》御《ご》紋《もん》鶴《つるに》三《み》重《え》襷《たすき》文《もん》皿《さら》

菊《きく》御《ご》紋《もん》三《み》重《え》襷《たすき》文《もん》皿《さら》

青《あお》(緑《みどり》)三《み》重《え》襷《たすき》中《ちゅう》花《はな》菱《ひし》文《もん》紗《しゃ》

紅《くれない》三《み》重《え》襷《たすき》中《ちゅう》花《はな》菱《ひし》文《もん》綾《あや》

菊《きく》御《ご》紋《もん》秋草《あきくさ》三《み》重《え》襷《たすき》中《ちゅう》花《はな》菱《ひし》文《もん》蓋物《ふたもの》

鳥《とり》襷

尾で繋がった二羽の「尾長鳥《おながとり》」を四組、中央の「花菱」に向かって菱形に配置した連続文様です。紫地に白の浮織《うきおり》の指貫《さしぬき》は上皇や摂関家《せっかんけ》(後述)などの上級公卿の加冠《かかん》(冠を加える儀式、元服)後の若年者が用いました。「鳥襷」は平安時代後期には存在したようです。また、屏風の裏の紙の文様としても使用されますが、この時には「雀形」と称します。

紫地《むらさきぢ》白鳥襷文浮織《しろとりたすきもんうきおり》(若年《じゃくねん》)

浅葱地《あさぎぢ》雲母《きら》雀形文摺《すずめかたもんすり》

雲襷

直線化した「雲」を交差させた「菱」の中に色々な文様を入れました。

金《きん》地《ち》紫《むらさき》雲《くも》襷《たすきに》色《いろ》糸《いと》向《むかい》鳳《ほう》凰《おう》丸《のまる》文《もん》金《きん》襴《らん》

紅《くれない》地《ち》色《いろ》糸《いと》雲《くも》襷《たすき》中《ちゅう》鶴《つる》文《もん》金《きん》襴《らん》

藤襷

「藤」の花房を直線化し、交差させた「菱」の中に種々の文様を入れることもあります。

菊《きく》御《ご》紋《もん》藤襷《ふじたすき》文《もん》鉢《はち》

金《きん》地《ち》紫《むらさき》藤襷《ふじたすきに》色糸《いろいと》向《むかい》鳳凰丸《ほうおうのまる》文《もん》金襴《きんらん》

萌《もえ》黄《き》地《ぢ》紫《むらさき》藤襷《ふじたすき》中《ちゅう》色糸《いろいと》龍《りゅう》文《もん》錦《にしき》

龍胆襷《りんどうだすき》

指貫《さしぬき》の文様として壮年が用いました。

＊紫《むらさき》地《ち》白龍胆襷文《しろりんどうたすきもん》（久我《こが》家）

撫《なでし》子《こ》襷

「撫子」の葉を直線化して交差させた中に「撫子」の花が入っています。

白《しろ》撫《なでし》子《こ》襷《たすき》地《ぢ》 紅《くれない》 藍《あい》菊《きく》御《ご》紋《もん》錦《にしき》

萌《もえ》黄《き》地《ぢ》 紫《むらさき》 撫《なでし》子《こ》襷《たすき》文《もん》綾《あや》

金《きん》地《ち》色糸《いろいと》撫子《なでしこ》襷《たすき》文《もん》金襴《きんらん》

金《きん》地《ぢ》色糸《しろいと》撫子《なでしこ》襷《たすき》文《もん》金襴《きんらん》

種々の襷文

斜めに交差する線の中に文様を入れました。また、平安時代から畳の縁として用いられた「高麗縁《こうらいべり》」の「小紋《こもん》」は公家の座とされました。

青《あお》（緑《みどり》）襷中菊唐草文紗《たすきちゅうきくからくさもんしゃ》

小紋高麗縁《こもんこうらいへり》

白《しら》地《ぢ》萌《もえ》黄《き》襷《たすき》中《ちゅう》唐《から》花《はな》菱《ひし》文《もん》綾《あや》

立《たて》涌《わく》文《もん》

立涌

「立涌」は地面から立ち上がる陽気を表す縁起の良い文様とされました。基本的には二本の線で構成されますが、この「立涌」の中に色々な文様を入れました。

「立涌」の文様は連続していますので、「続文《つづきもん》」として地文に用いられることもあります。

香地立涌色糸菊折枝文金襴《こうちたてわくにいろいときくおりえもんきんらん》

蘇《す》芳《おう》立《たて》涌《わく》中《ちゅう》三巴鳥丸《みつともえのとりのまる》文《もん》紗《しゃ》

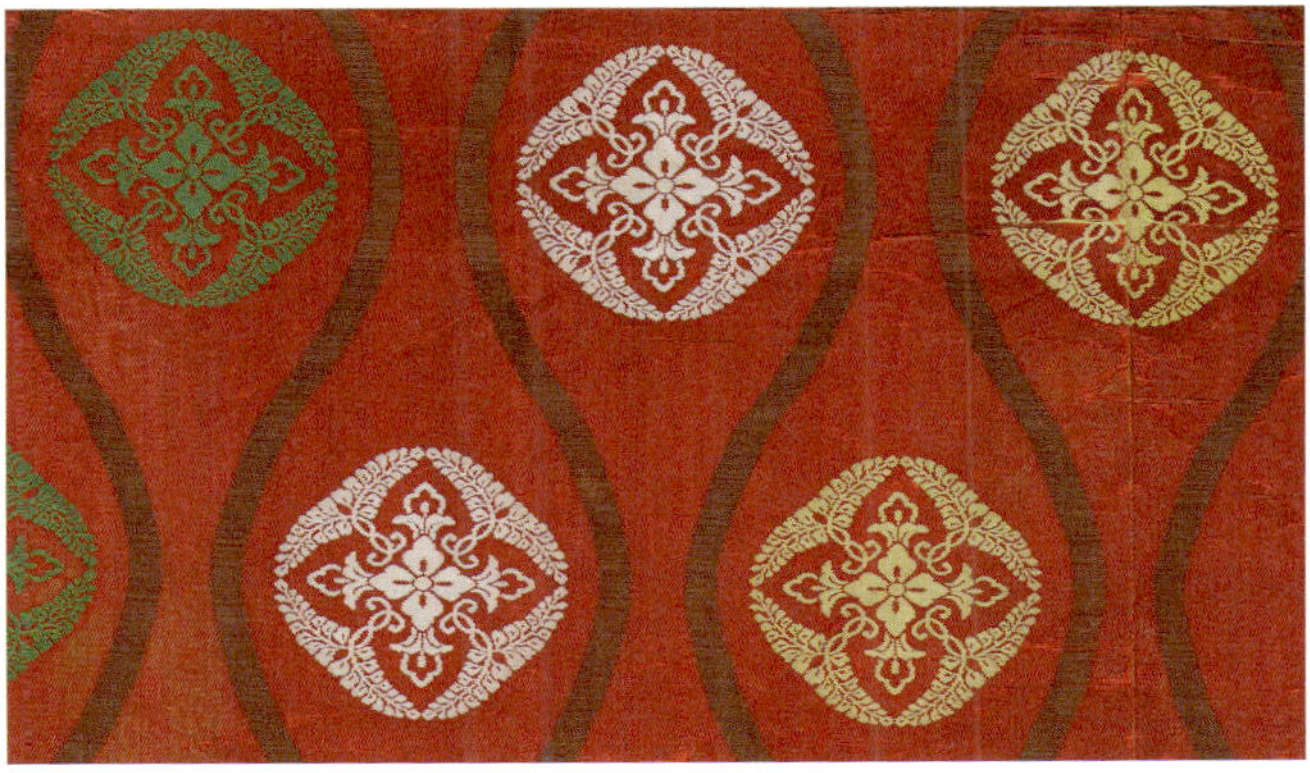

赤《あか》地《ち》色《いろ》糸《いと》立《たて》涌《わく》中《ちゅう》八藤《やつふじ・はっとう》文《もん》唐《から》織《おり》

海松《みる》色《いろ》地《ぢ》薄紅《うすきくれない》立涌《たてわく》中臥蝶《ちゅうふせちょう》文《もん》綾《あや》

青《あお》(緑《みどり》)立涌《たてわく》中臥蝶《ちゅうふせちょう》文《もん》綾《あや》

白《しろ》立涌《たてわく》向《にむかい》鸚鵡《おうむ》丸《のまる》藤《ふじ》折枝《おりえ》 幸《さいわい》 菱《ひし》文《もん》綸子《りんず》

麹塵《きくじん》立涌《たてわく》中《ちゅう》鉄線《てっせん》文《もん》紗《しゃ》

雲立涌（立涌雲）

涌き起こる「雲」を象った「雲立涌」は、平安時代に成立した文様といわれています。「立涌」の中の「雲」は一つのこともありますが、左右一対としたものもあります。また、「雲」で「立涌」を構成し、その中へ文様を入れたものもあります。

上皇と関白の袍《うえのきぬ・ほう》に用いられました。また、天皇や上皇、加冠《かかん》(冠を加える儀式、元服)以降の親王や摂政・関白の指貫《さしぬき》などにも用いられました。指貫の色と織(生地)は、壮年までは経紫緯白《たてむらさきぬきしろ》(紫地に白の文)の浮織《うきおり》、壮年以降の生地は堅《かた》(固)地綾《ぢあや》、四十歳以降は縹《はなだ》地の白の文とし、老年は色を薄くし、最後は白にしました。一方、皇太子の夏の指貫は二藍《ふたあい》の生浮織でした。

鎌倉時代から室町時代の摂関家《せっかんけ》(後述)の近衛《このえ》家では納言(大納言、中納言)の時の袍は黒の「雲立涌中窠《か》」で、「窠」は「窠《か》中唐草《ちゅうからくさ》」の袍を用い、関白になれば「窠」を外し、かつ「雲」も大きくした「大雲立涌」を用いました。

縹《はなだ》地《ぢ》白雲立涌文綾《しろくもたてわくもんあや》

縹《はなだ》地《ぢ》白雲立涌文綾《しろくもたてわくもんあや》

＊黒雲立涌文《くろくったてわくもん》(親王《しんのう》家、摂家《せっけ》)

浅葱《あさぎ》地《ぢ》白雲立涌文綾《しろくもたてわくもんあや》(老年)

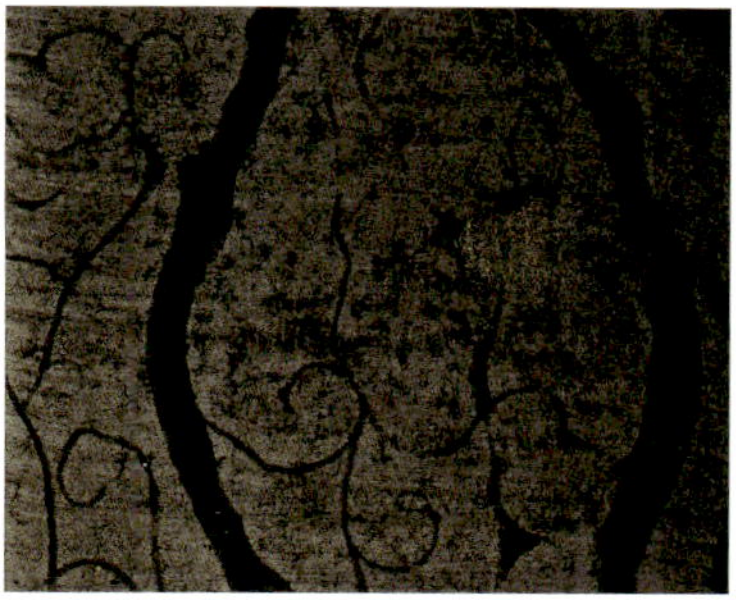

＊黒雲立涌文《くろくもたてわくもん》(一条《いちじょう》家)

＊黒雲立涌文《くろくもたてわくもん》(親王《しんのう》家、近衛《このえ》家)

白雲立涌文紗《しろくもたてわくもんしゃ》(宿老《しゅくろう》)

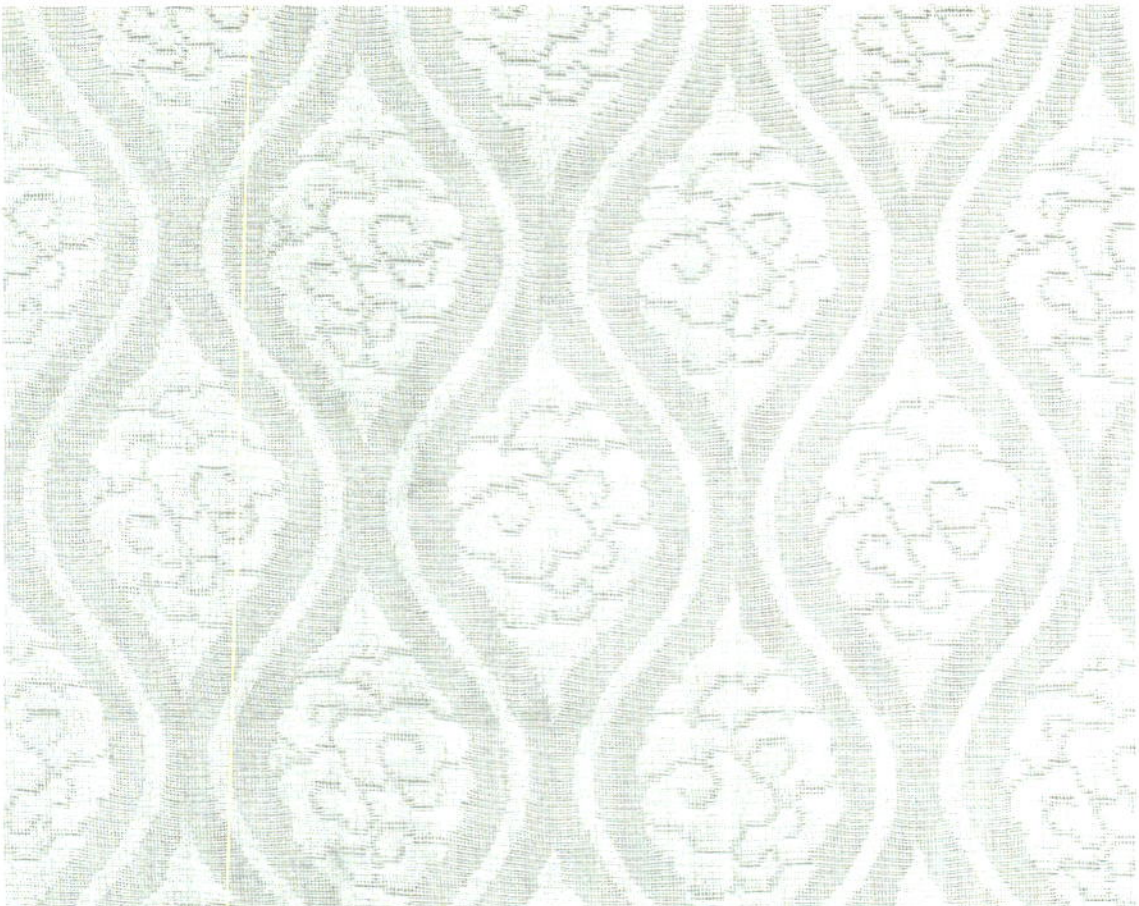

白雲立涌文紗《しろくもたてわくもんしゃ》

萌《もえ》黄《き》雲立涌文《くもたてわくもん》浮織《うきおり》

紫《むらさき》雲立涌文《くもたてわくもん》紗《しゃ》

青《あお》(緑《みどり》)雲立涌文綾《くもたてわくもんあや》

紫《むらさき》地《ち》雲立涌白菊《くもたてわくにしろきく》御《ご》紋《もん》金襴《きんらん》

橙《だいだい》地《ち》色糸雲立涌菊折枝《いろいとくもたてわくにきくおりえ》文二陪織《もんふたえおり》

雲立涌文綾《くもたてわくもんあや》

萌《もえ》黄《き》地《ぢ》 紫《むらさき》雲立涌色糸折枝丸文綾《くもたてわくにいろいとおりえのまるもんあや》

薄色《うすいろ》地《ぢ》 紫《むらさき》雲立涌向鳥丸文綾《くもたてわくにむかいとりのまるもんあや》

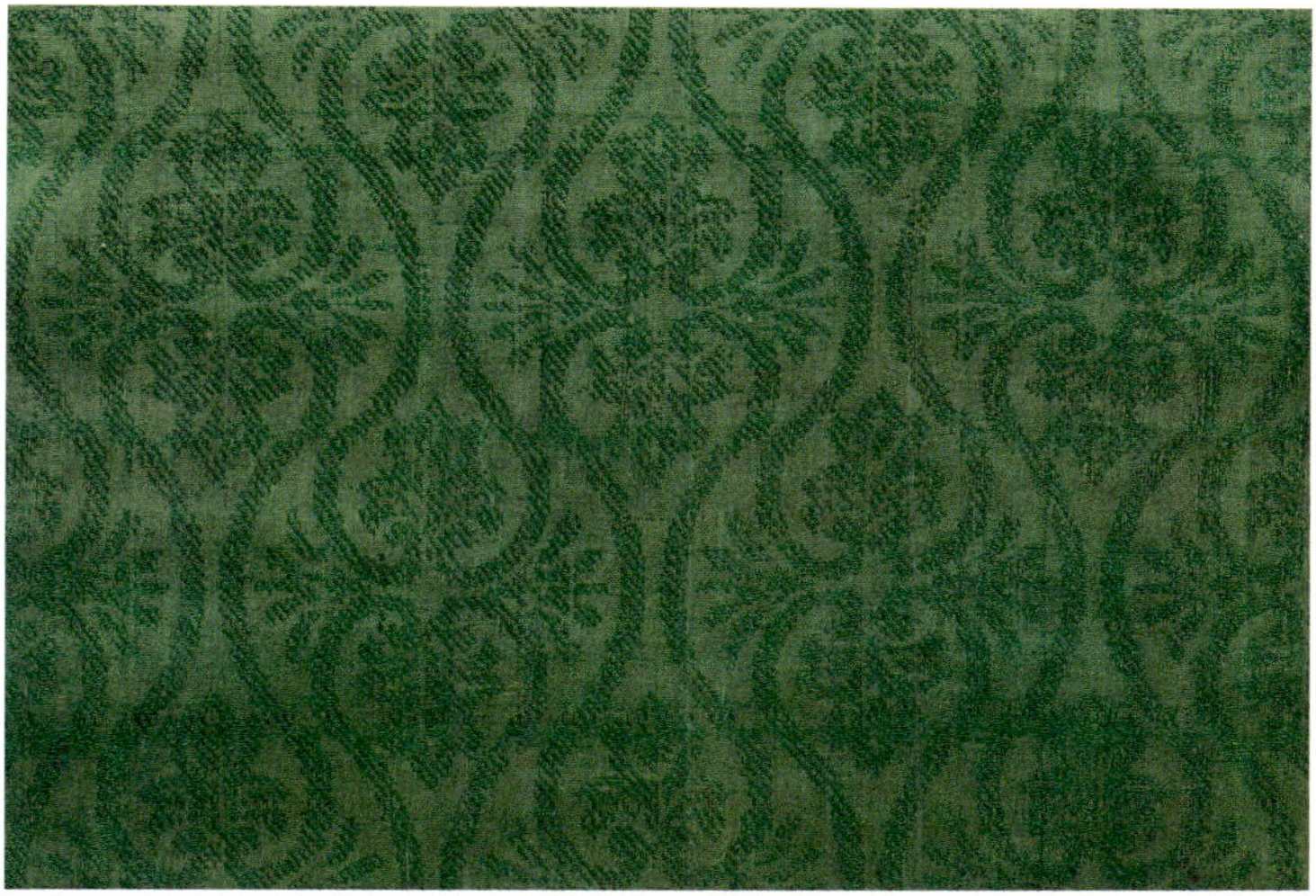

青《あお》(緑《みどり》)雲立涌文紗《くもたてわくもんしゃ》

菊《きく》御《ご》紋《もん》梅折枝《うめおりえに》雲立涌文《くもたてわくもん》嗽碗《うがいわん》

光《こう》格《かく》天《てん》皇《のう》菊《きく》紋《もん》雲《くも》立《たて》涌《わく》文《もん》皿《さら》

菊《きく》御《ご》紋《もん》鳳《ほう》凰《おう》雲《くも》立《たて》涌《わく》文《もん》皿《さら》

紫《むらさき》雲立涌《くもたてわく》中《ちゅう》八藤《やつふじ・はっとう》文《もん》紗《しゃ》

青《あお》(緑《みどり》)地《ぢ》雲立涌《くもたてわく》中《ちゅう》八藤《やつふじ・はっとうに》藤巴《ふじのともえ》文《もん》金襴《きんらん》

波立涌

「立涌」が「波」で構成されています。

＊薄朽《うすきくつ》葉《は》地《ち》濃朽《こきくつ》葉《は》波立涌文《なみたてわくもん》

菊立涌

「立涌」の中に「菊」を入れたものもあります。

紫《むらさき》地《ち》赤《あか》菊《きく》立涌《たてわくに》萌《もえ》黄《き》菊《きく》花《か》文《もん》錦《にしき》

萌《もえ》黄《き》地《ち》紫《むらさき》菊《きく》立涌《たてわくに》色糸《いろいと》菊《きく》花《か》文《もん》錦《にしき》

藤立涌

「立涌」の中が「藤」、あるいは「藤」で「立涌」が構成されています。
「藤」はその名に因む藤原氏に好まれ、様々な装束や調度に用いられました。

青《あお》（緑《みどり》）地《ち》藤立涌文金襴《ふじたてわくもんきんらん》

藤立涌文綾《ふじたてわくもんあや》

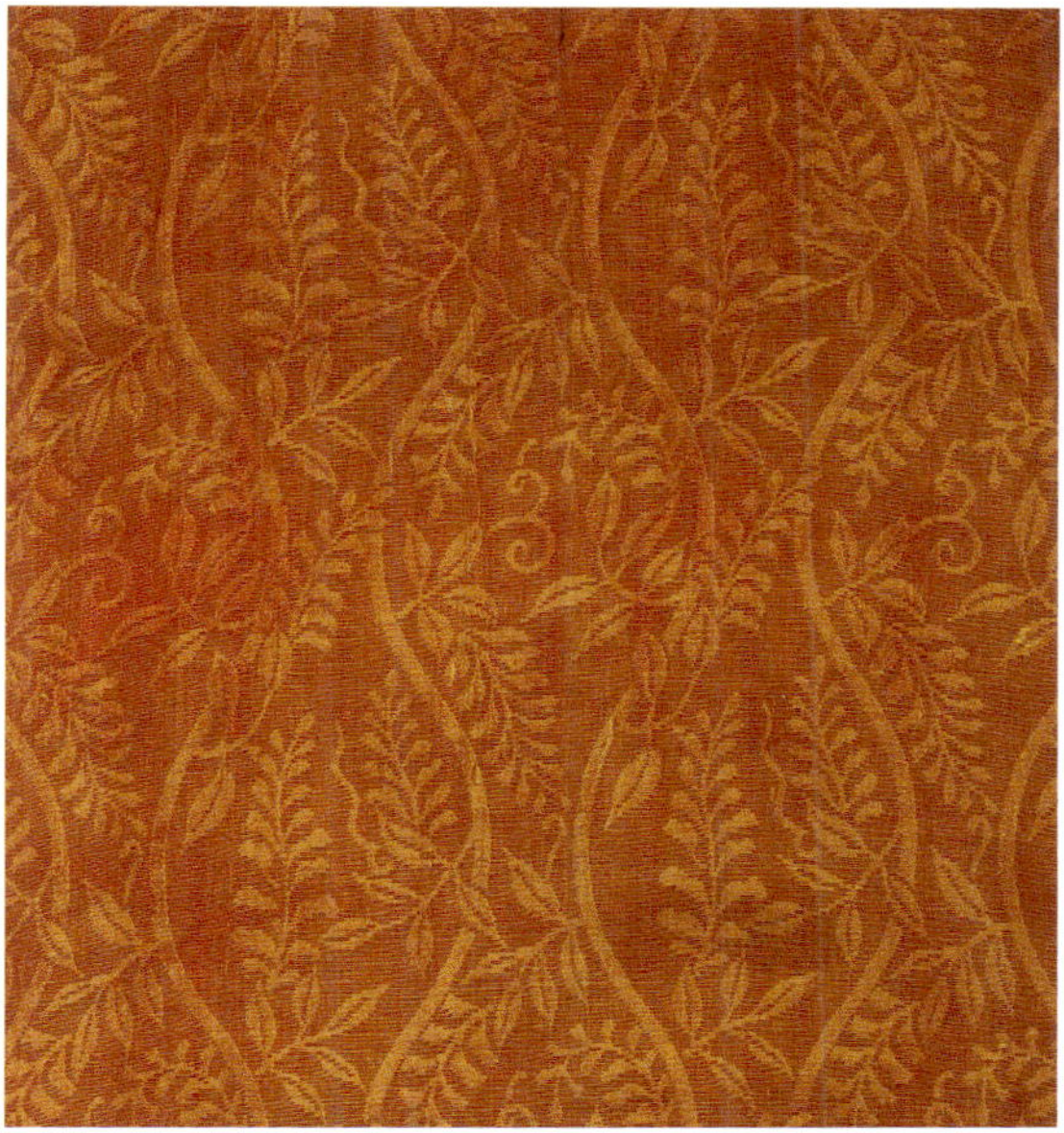

香《こう》藤《ふじ》立《たて》涌《わく》文《もん》紗《しゃ》

青《あお》(緑《みどり》)地《ち》紫《むらさき》藤《ふじ》立《たて》涌《わく》小《こ》葵《あおい》文《もん》金襴《きんらん》

香《こう》藤《ふじ》立《たて》涌《わく》中《ちゅう》菊《きく》御《ご》紋《もん》紗《しゃ》

緋《あけ·ひ》藤《ふじ》立《たて》涌《わく》中《ちゅう》桐《きり》紋《もん》紗《しゃ》

青《あお》（緑《みどり》）地《ぢ》色糸《いろいと》藤立涌《ふじたてわく》文《もん》錦《にしき》

紫《むらさき》 地《ぢ》萌《もえ》黄《き》藤立涌《ふじたてわくに》黄《き》鳳凰《ほうおう》文《もん》二《ふた》陪《え》織《おり》

萌《もえ》黄《き》地《ぢ》色糸《いろいと》藤立涌《ふじたてわくに》向《むかい》鳳凰《ほうおう》丸《のまる》雲《くも》丸《のまる》文《もん》錦《にしき》

松立涌

冬でも色を変えない常磐木《ときわぎ》である「松」は「衆木《しゅうぼく》の長」あるいは「第一の木」ともいわれ、「十《じゅう》八公《はちこう》の誉《ほまれ》」を表す縁起の良い木とされました。「立涌」の中が「松」、あるいは「松」で「立涌」が形作られました。

＊濃《こき》海松《みる》色《いろ》地《ぢ》白《しろ》松《まつ》立涌《たてわく》文《もん》

竹立涌

「立涌」の中が「竹」、あるいは「竹」で「立涌」が構成されています。

麹塵《きくじん》竹立涌《たけたてわく》文《もん》緞子《どんす》

黄《き》地《ち》青《あお》(緑《みどり》)竹立涌《たけたてわく》色糸《いろいと》鶴《つる》根《ね》引《ひき》松《まつ》文《もん》錦《にしき》

梅立涌

「立涌」の中が「梅」、あるいは「梅」で「立涌」が形作られています。

鷹司《たかつかさ》牡《ぼ》丹《たん》紋《もん》梅《うめ》立《たて》涌《わく》文《もん》皿《さら》

白《しろ》梅《うめ》立《たて》涌《わく》文《もん》綸《りん》子《ず》

薄朽《うすきくつ》葉《は》梅立涌《うめたてわくに》八藤《やつふじ・はっとう》文《もん》浮織《うきおり》

萌黄《もえき》地《ぢ》紅《くれない》梅立涌《うめたてわく》中色糸《ちゅういろいと》
矢《や》文錦《もんにしき》

藍《あい》梅立涌《うめたてわく》文《もん》浮織《うきおり》

桜立涌

平安時代から「桜を宗《むね》とする」といわれ、古来、「桜」は日本人に好まれて様々に用いられました。

萌《もえ》黄《き》桜立涌《さくらたてわく》文紗《もんしゃ》

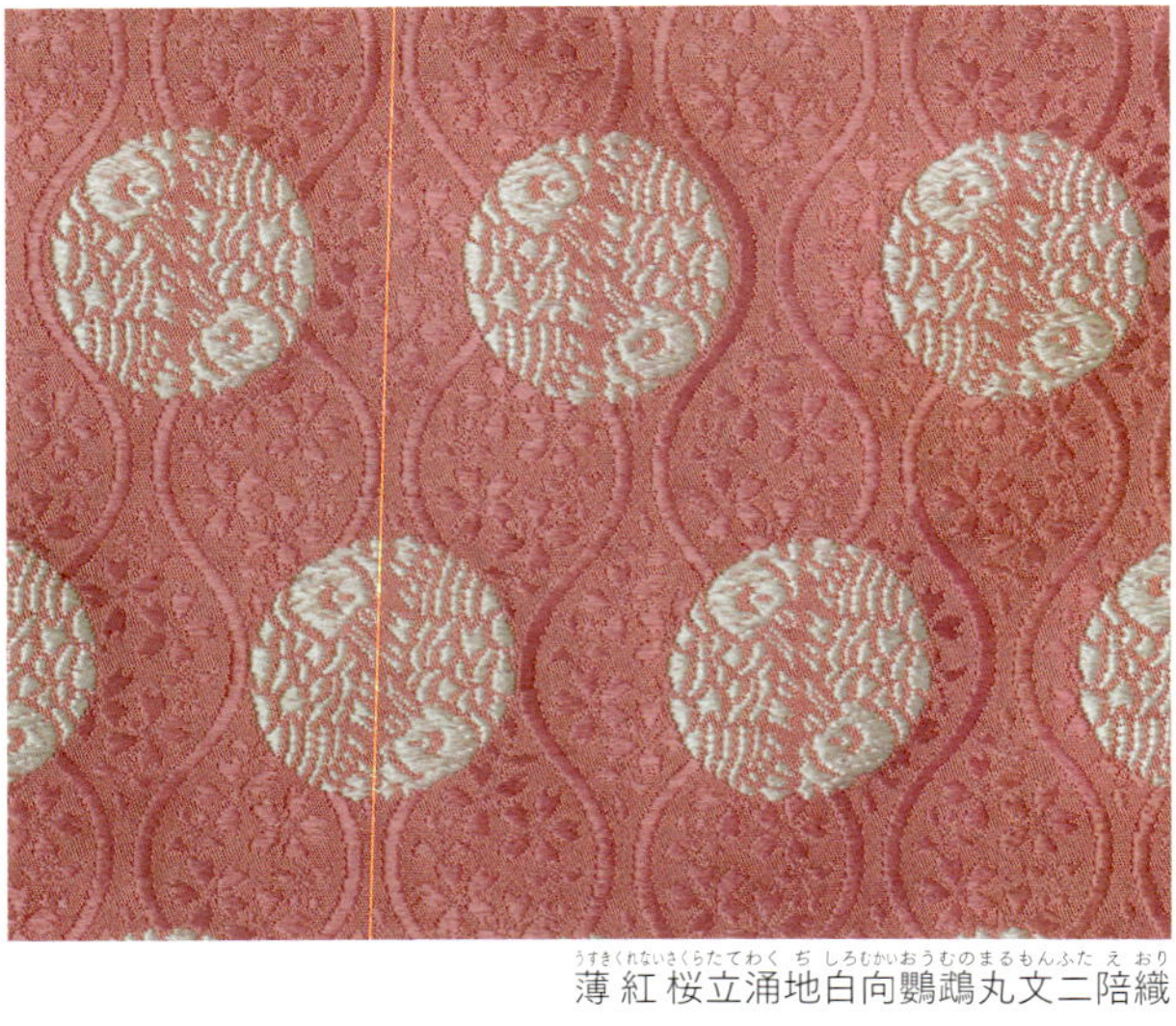

薄紅《うすきくれない》桜立涌《さくらたてわく》地《ち》白《しろ》向鸚鵡丸《むかいおうむのまる》文《もん》二陪織《ふたえおり》

牡丹立涌

「百華の長」である「牡丹」は「富貴華」ともいわれ、権力者に好まれました。

麹塵《きくじん》牡《ぼ》丹《たん》立涌《たてわく》文《もん》緞《どん》子《す》

青《あお》(緑《みどり》)牡《ぼ》丹《たん》立涌《たてわく》文《もん》紗《しゃ》

丁《ちょう》字《じ》立涌

香辛料である「丁子」は縁起が良いとされました。「丁字」で「立涌」を構成し、その中に色々な文様を入れました。

白《しろ》丁《ちょう》字《じ》立涌《たてわく》中《ちゅう》臥蝶《ふせちょう》文《もん》綸子《りんず》

濃朽葉《こきくつは》丁《ちょう》字《じ》立涌《たてわく》中《ちゅう》 龍《りゅうの》 丸《まる》文《もん》紗《しゃ》

紺地《こんぢ》丁《ちょう》字《じ》立涌《たてわく》中《ちゅう》菊《きく》御《ご》紋《もん》金襴《きんらん》

定家《ていか》立涌

羽林家《うりんけ》(後述)の冷泉《れいぜい》家と山科《やましな》家の袍《うえのきぬ・ほう》の文様でした。

＊黒《くろ》定家《ていか》立涌《たてわく》文《もん》(冷泉《れいぜい》家、山科《やましな》家)

龍胆《りんどう》立涌

摂関家《せっかんけ》(後述)の近衛《このえ》家や鷹司《たかつかさ》家などの袍《うえのきぬ・ほう》に用いられました。また、「龍胆」が源氏の家紋に用いられたこともあり、久我《こが》家(源氏)の袍や徳川将軍家の「小《こ》直衣《のうし》」などにも取り入れられました。

＊黒龍胆立涌文《くろりんどうたてわくもん》(久我《こが》家、中院《なかのいん》家)

撫子《なでしこ》立涌

「撫子」で「立涌」が形作られています。

浅葱《あさぎ》地《ち》萌黄《もえき》撫子《なでしこ》立涌《たてわく》白菊《しろきく》花《か》文錦《もんにしき》

躑躅《つつじ》立涌

「立涌」の一部を「躑躅」の葉とし、その中に色々な文様を入れました。

＊黒躑躅立涌中龍胆文《くろつつじたてわくちゅうりんどうもん》（近衛家《このえ》）

青《あお》（緑《みどり》）躑躅立涌中臥蝶文綾《つつじたてわくちゅうふせちょうもんあや》

青《あお》(緑《みどり》)躑躅《つつじ》立涌《たてわく》中《ちゅう》唐花《からはなの》丸《まる》文《もん》綾《あや》

紫《むらさき》躑躅《つつじ》立《たて》涌《わく》中《ちゅう》向《むかい》鳳《ほう》凰《おう》丸《のまるに》唐《から》花《はな》丸《のまる》文《もん》綾《あや》

麹《きく》塵《じん》躑躅《つつじ》立《たて》涌《わく》中《ちゅう》向《むかい》鳳《ほう》凰《おう》丸《のまるに》唐《から》花《はな》丸《のまる》文《もん》綾《あや》

鳳凰立涌

「立涌」の中に「鳳凰」を入れたものや、「鳳凰」で「立涌」を構成するものもあります。

徳川将軍家では「小直衣《このうし》」に用いられました。

薄色《うすいろ》地《ぢ》 紫《むらさき》 鳳凰立涌文綾《ほうおうたてわくもんあや》

唐《から》草《くさ》文《もん》

文様の空間を埋めるために「唐草」は多用されました。

紫《むらさき》唐草《からくさに》臥蝶《ふせちょう》文《もん》綾《あや》

金《きん》地《ぢ》紺《こん》唐草《からくさに》色糸《いろいと》向枝《むかいえだ》喰《くい》鳳凰丸《ほうおうのまる》牡丹丸《ぼたんのまる》文《もん》唐織《からおり》

菊唐草

「菊」、あるいは「菊御紋」の間を「唐草」で埋めました。

赤地「唐草」に六花形の「窠《か》」の中に九個の「菊紋」を九曜《くよう》に、あるいは八個の「菊紋」を配置した「窠《か》中八葉菊菊唐草《ちゅうはちようのきくにきくからくさ》」は、上皇の袍《うえのきぬ・ほう》に用いられました。

白地《しらじ》紅《くれない》唐草《からくさ》に黄《き》菊《きく》御《ご》紋《もん》錦《にしき》

菊御紋唐草文碗《きくごもんからくさもんわん》

紫《むらさき》菊唐草《きくからくさに》菊《きく》御《ご》紋綾《もんあや》

緋《あけ・ひ》唐草《からくさに》菊《きく》御《ご》紋《もん》桐《きり》紋綾《もんあや》

紅《くれない》地《ぢ》唐草《からくさに》白菊《しろきく》御《ご》紋《もん》金襴《きんらん》

濃《こき》朽《くつ》葉《は》地《ぢ》菊《きく》唐草《からくさに》九《ここの》重《え》菊《きく》紋《もん》金襴《きんらん》

桐唐草

皇室では「五七の桐」を用いるため、「桐」は用いる人や家が選ばれました。足利将軍家では任槐《にんかい》(大臣就任)後の袍《うえのきぬ・ほう》の異文とされました。

黄地《きち》浅葱《あさぎ》桐唐草《きりからくさに》菊《きく》折枝《おりえ》文《もん》緞子《どんす》

紅《くれない》桐唐草《きりからくさ》文《もん》緞子《どんす》

萌黄《もえぎ》地《ぢ》色糸《いろいと》桐《きり》唐草《からくさ》文《もん》唐織《からおり》

金地《きんち》萌黄《もえぎ》桐唐草《きりからくさ》色糸《いろいと》菊《きく》御紋《ごもん》金襴《きんらん》

紅《くれない》地《ち》桐唐草《きりからくさ》白菊《しろきく》御《ご》紋《もん》金襴《きんらん》

紅《くれない》地《ち》鳳凰《ほうおう》桐唐草《きりからくさ》白菊《しろきく》御《ご》紋《もん》金襴《きんらん》

白《しら》地《ち》桐唐草《きりからくさ》文《もん》金襴《きんらん》

桐竹唐草

「桐竹」は天皇専用の「黄櫨染《こうろぜんの》袍《ほう》」の構成要素でもあります。

白桐竹唐草文綾《しろきりたけからくさもんあや》

牡丹唐草

「牡丹唐草」は一般にも好まれました。

青《あお》（緑《みどり》）牡丹唐草《ぼたんからくさ》宝尽《たからつくし》文《もん》緞子《どんす》

麹塵《きくじん》牡丹唐草《ぼたんからくさ》宝尽《たからつくし》文《もん》緞子《どんす》

丁字《ちょうじ》唐草

室町時代には摂関家《せっかんけ》（後述）の袍《うえのきぬ・ほう》の異文《いもん》とされ、鷹司家《たかつかさ》でも用いられましたが、室町時代の清華家《せいがけ》（後述）の西園寺家《さいおんじ》では任槐《にんかい》（大臣就任）後の袍の異文でした。また、徳川将軍家では、これに「三葉葵紋」を組み合わせました。

大臣家《だいじんけ》（後述）の三條西家《さんじょうにし》は香道の宗家で、「丁字」を家紋としました。

＊黒丁字唐草文《くろちょうじからくさもん》（西園寺家《さいおんじ》）

＊黒丁《くろちょう》字《じ》唐草文《からくさもん》(広幡《ひろはた》家)

＊黒丁《くろちょう》字《じ》唐草文《からくさもん》(鷹司《たかつかさ》家)

＊黒丁《くろちょう》字《じ》唐草三《からくさにみつ》葉《は》葵紋《あおいもん》

(徳川将軍家に遠慮して「三葉葵紋」は描かずに空白としています)

橙《だいだい》塩瀬《しおぜ》地《ぢ》金《きん》丁字《ちょうじ》唐草文《からくさもん》摺《すり》

(三條西《さんじょうにし》家家紋)

輪《わ》無《なし》唐草

蔓草が繁茂した様子を象ったとされる連続文様です。一般的な袍《うえのきぬ・ほう》の文様で、室町時代には三條《さんじょう》家、大炊御門《おおいのみかど》家、中院《なかのいん》家、日野《ひの》家、勧修寺《かじゅうじ》家などや、任槐《にんかい》(大臣就任)前の足利将軍家で用いられました。三條家では「輪無唐草」の中の「花菱」を「四菱《よつびし》」にするなど、家によって細部を変えることがありました。袍の色は四位以上は黒(橡《つるばみ》)、五位は赤で、生地は冬(冬と春)は堅《かた》(固)地綾《ちあや》、夏(夏と秋)は縠織《こめおり》でした

江戸時代も後期になると「輪無唐草」の一部を独立させた「飛文《とびもん》」も用いられました。

＊黒《くろ》輪《わ》無《なし》唐草文《からくさもん》(四位以上諸家通用《しょけつうよう》)

＊黒《くろ》輪《わ》無《なし》唐草文《からくさもん》(大輪無《おおわなし》)(三條《さんじょう》家)

黒《くろ》輪《わ》無唐草文《なしからくさもん》綾《あや》

＊赤《あか》輪《わ》無唐草文《なしからくさもん》（五位諸家通用《しょけつうよう》）

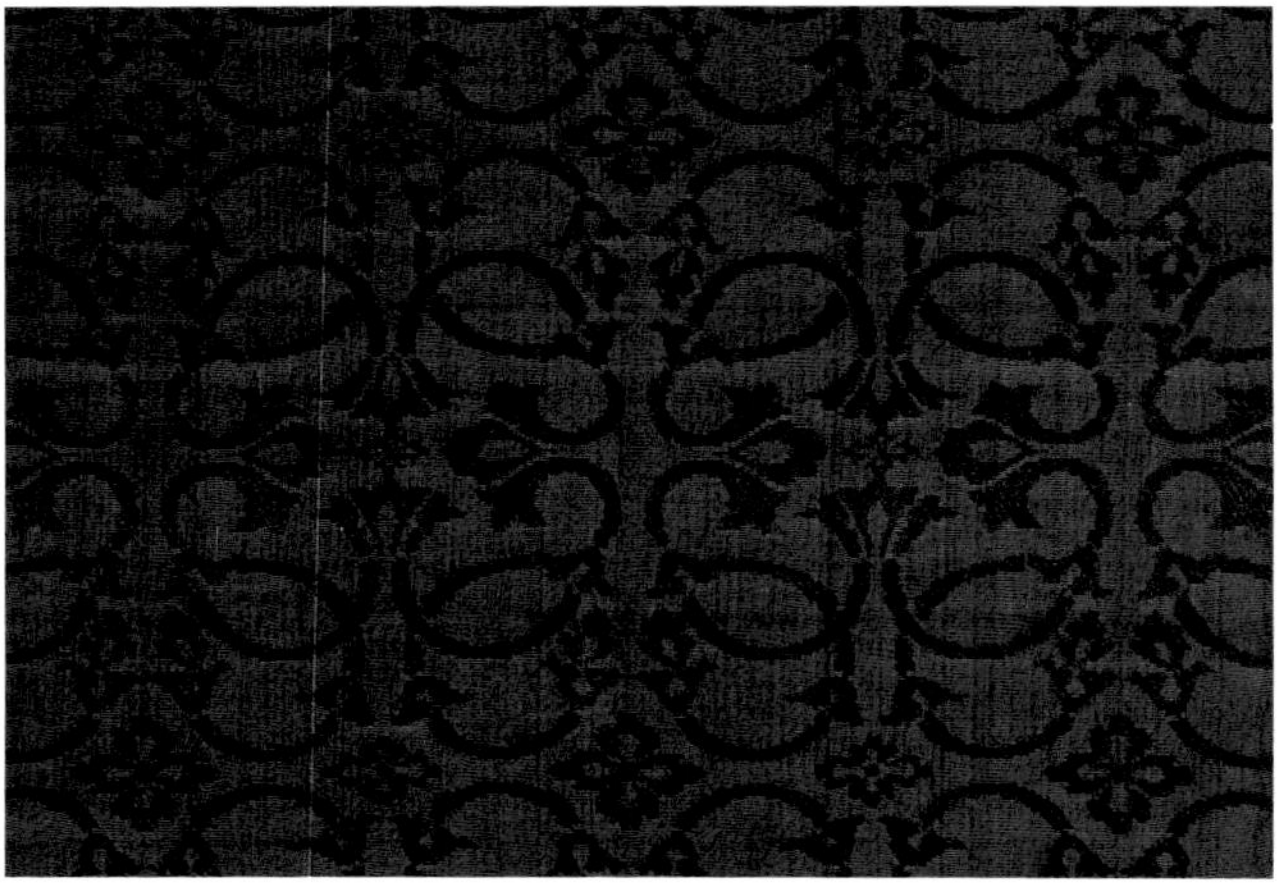

黒《くろ》輪《わ》無《なし》唐草《からくさ》文《もん》紗《しゃ》

黒《くろ》輪《わ》無《なし》唐草《からくさ》文《もん》紗《しゃ》

赤《あか》輪《わ》無《なし》唐草《からくさ》文《もん》紗《しゃ》

赤《あか》輪《わ》無《なし》唐草《からくさ》文《もん》紗《しゃ》

薄色《うすいろ》紗《しゃ》地《ぢ》白《しろ》八藤《やつふじ・はっとうに》輪《わ》無《なし》唐草《からくさ》文《もん》縫取織《ぬいとりおり》

萌《もえ》黄《き》地《ぢ》菊紋《きくもんに》輪《わ》無《なし》唐草《からくさ》文《もん》金襴《きんらん》

白紗《しろしゃ》地《ち》紫《むらさき》牡《ぼ》丹丸《たんのまるに》輪《わ》無唐草文縫取織《なしからくさもんぬいとりおり》

紫紗《むらさきしゃ》地《ち》白向鳥丸《しろむかいとりのまるに》輪《わ》無唐草文縫取織《なしからくさもんぬいとりおり》

轡唐草《くつわ》

室町時代には西園寺家《さいおんじ》、徳大寺家《とくだいじ》、花山院家《かざんいん》、四條家《しじょう》などで用いられました。袍《うえのきぬ・ほう》の文様として「輪無《わなし》唐草」と並んで、どの家でも用いることができる諸家通用でしたが、「輪無唐草」同様、家によって細部を変えて用いることもありました。

＊黒轡唐草文《くろくつわからくさもん》(今出川家《いまでがわ》)

＊黒轡唐草文《くろくつわからくさもん》(四位以上諸家通用《しょけつうよう》)

＊赤轡唐草文《あかくつわからくさもん》(五位諸家通用《しょけつうよう》)

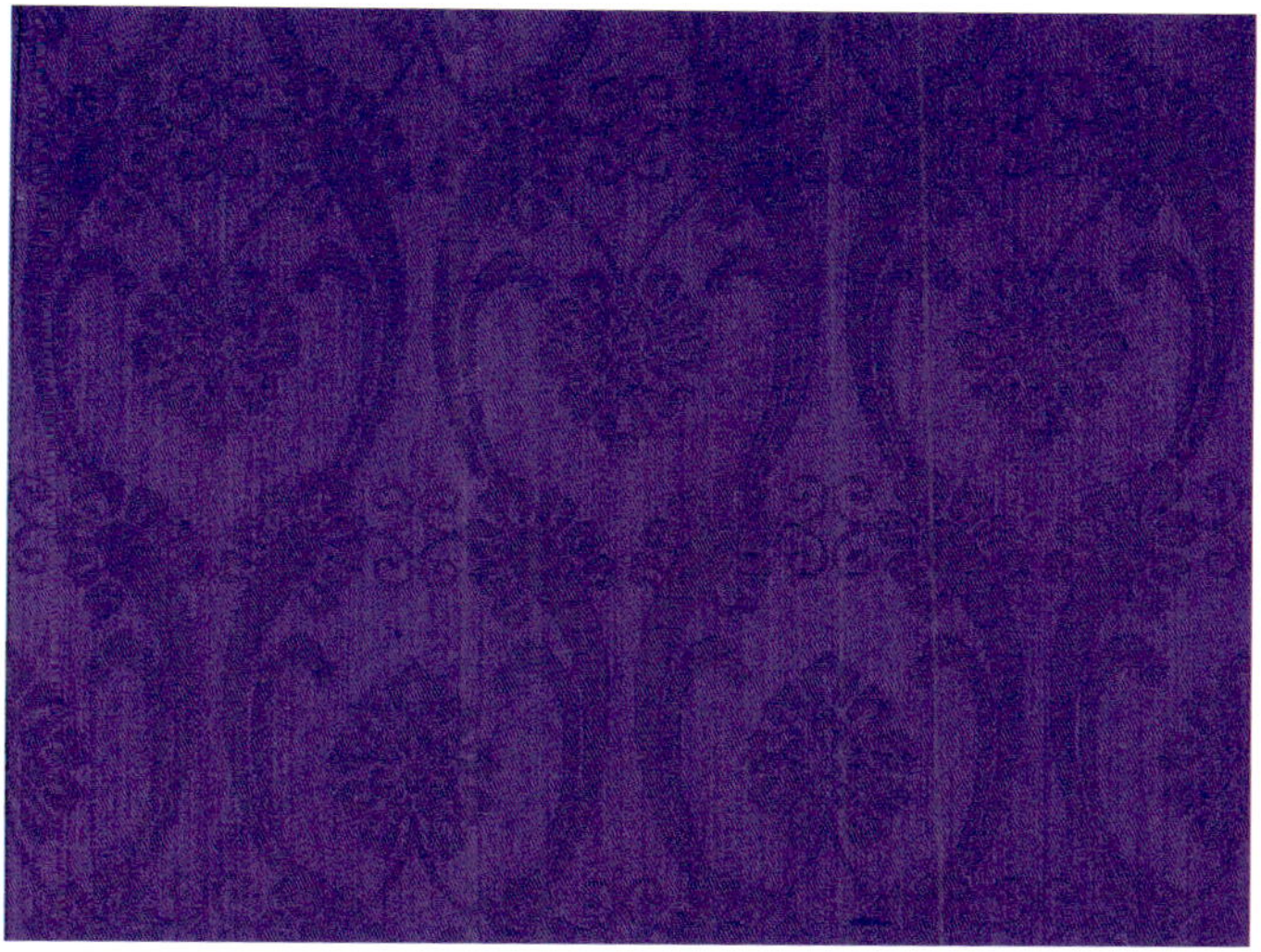

紫《むらさき》轡《くつわ》唐草《からくさ》文《もん》綾《あや》

萌黄《もえぎ》地《ち》轡《くつわ》唐草《からくさ》文《もん》金襴《きんらん》

小《こ》葵《あおい》文《もん》

小葵

銭葵《ぜにあおい》、あるいは架空の花の繁茂した様子を象ったものとされています。「小葵」の起源は古いようですが、鎌倉時代以降に今日の形になりました。

天皇の冬の日常着である「御引直衣《おひきのうし》」や袙《あこめ》、皇太子や親王の冬の「直衣」、上皇の下襲《したかさね》の表や冬の「直衣」、および袙などに白の堅《かた》(固)地綾《ちあや》が用いられたことから、高貴な文様とされました。白の堅地綾、または浮織《うきおり》は天皇の冬の下襲にも用いられました。また、室町時代には親王の袍《うえのきぬ・ほう》にも仕立てられました。一方、黒や濃《こき》(深蘇芳《ふかきすおう》よりも濃い色)の堅地綾は冬、黒や二藍の縠織《こめおり》は夏の半臂《はんぴ》に用いられました。また、白の浮織は冬、二藍《ふたあい》の縠織は夏の「童《わらわ》直衣」、また、「女房装束」の表着《うわぎ》や五衣《いつつきぬ》にもなりましたが、室町時代には唐衣《からきぬ》や単《ひとえ》

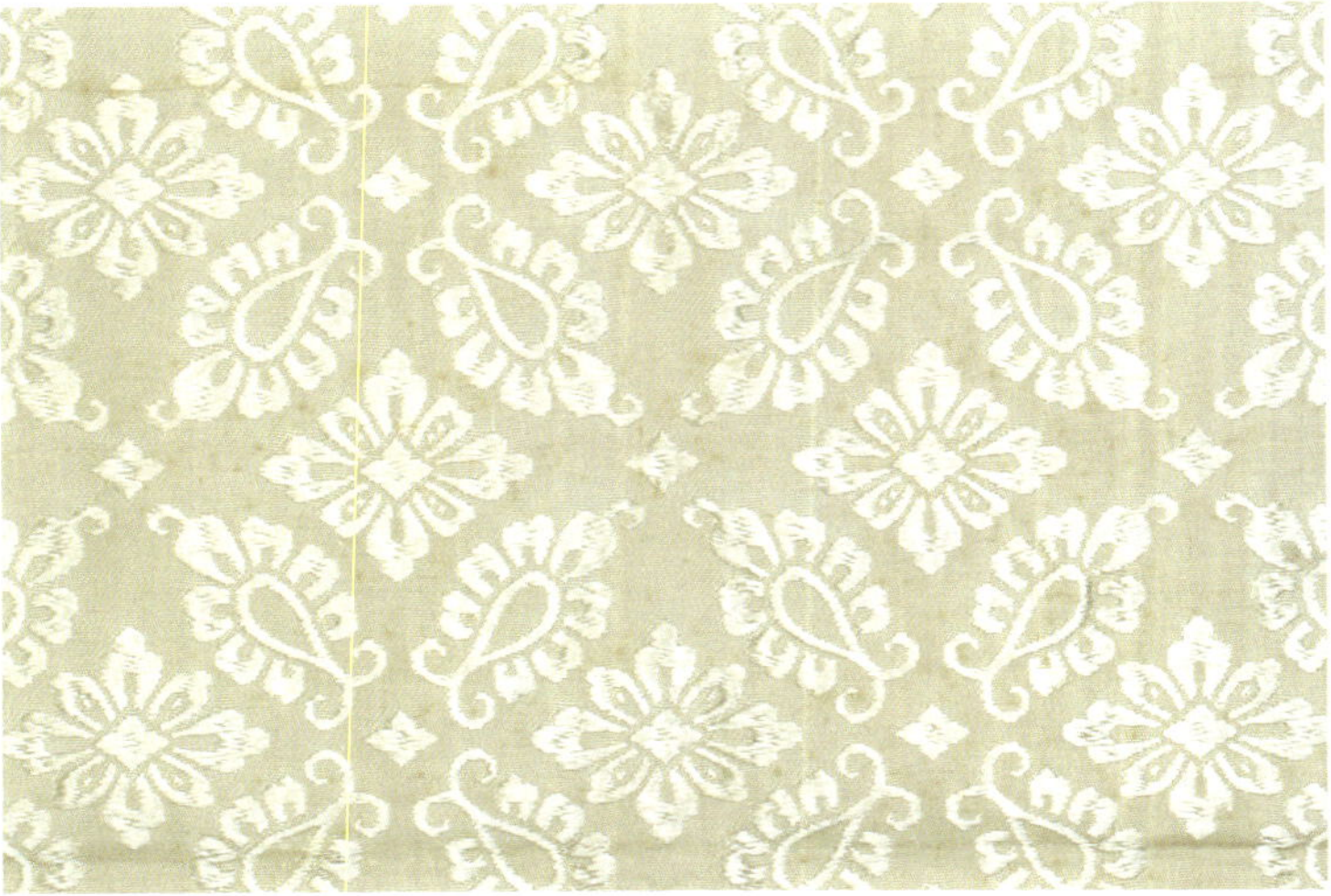

白《しろ》小《こ》葵《あおい》文《もん》浮織《うきおり》

にも用いられました。

　裂《きれ》全面を埋め尽くすように織られた連続文様を「続文《つづきもん》」と称しますが、江戸時代も半ばを過ぎると文様の一部を独立させて「飛文《とびもん》」としたり、他の文様と組み合わせて「比翼文《ひよくもん》」にもなりました。また、連続した文様の一部を空白とする「破《やれ》」も好まれました。

　ところで、天皇や皇太子の装束の「小葵」は、一般のものとは文様の一部や大きさが異なります。

白《しろ》小《こ》葵文《あおいもん》綾《あや》

青《あお》(緑《みどり》)小《こ》葵《あおい》文《もん》綾《あや》

二藍《ふたあい》小《こ》葵《あおい》文《もん》紗《しゃ》

黄《き》地《ち》青《あお》(緑《みどり》)小《こ》葵文錦《あおいもんにしき》

紫《むらさき》地《ち》色糸《いろいと》小《こ》葵文錦《あおいもんにしき》

縹《はなだ》小《こ》葵文綾《あおいもんあや》

紫《むらさき》小《こ》葵文綾《あおいもんあや》

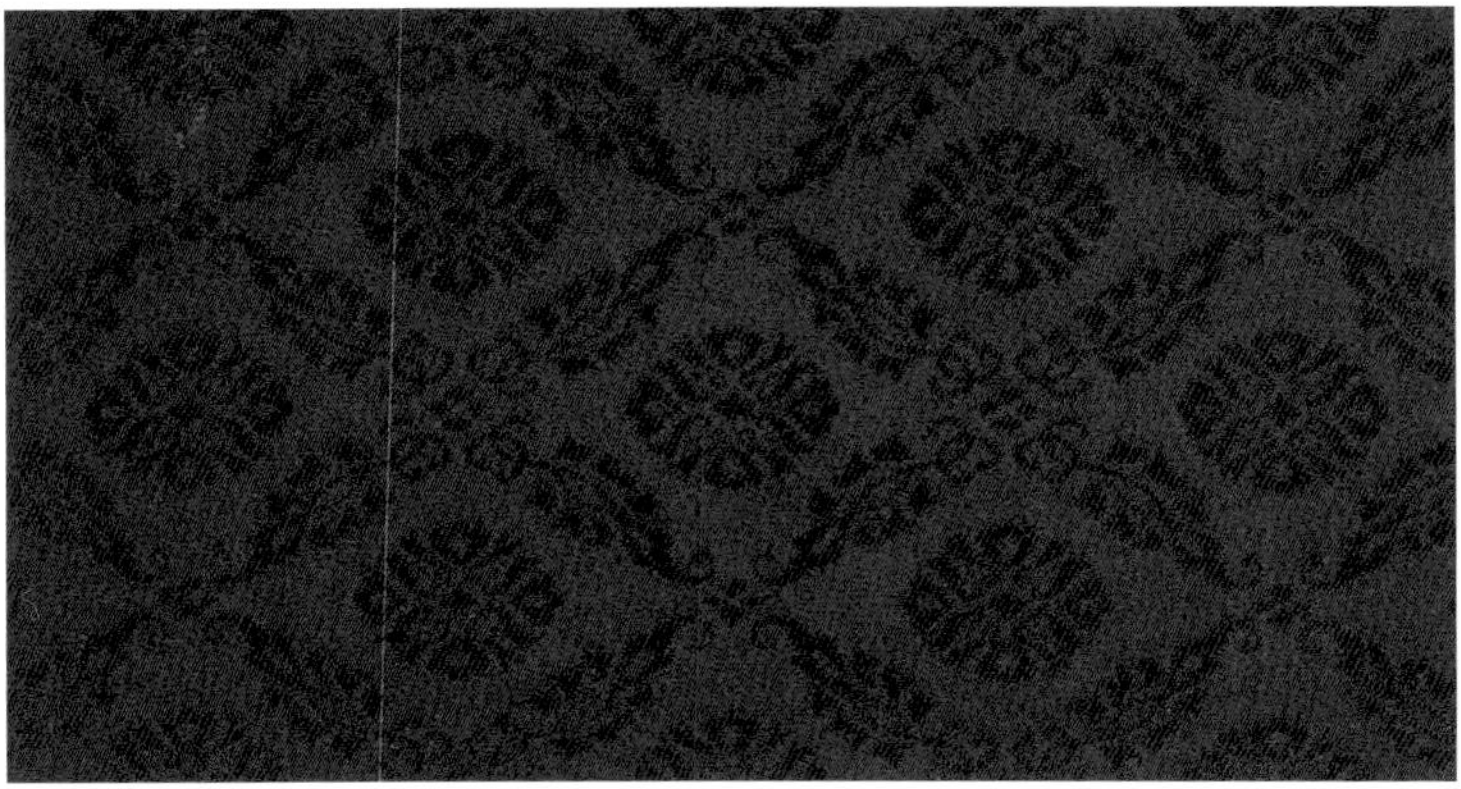

濃《こき》小《こ》葵文綾《あおいもんあや》

紫《むらさき》小《こ》葵《あおい》文《もん》綾《あや》

白《しろ》小《こ》葵《あおい》文《もん》綾《あや》

緋《あけ・ひ》小《こ》葵文《あおいもん》浮織《うきおり》

緋《あけ・ひ》小《こ》葵文《あおいもん》浮織《うきおり》

濃《こき》小《こ》葵《あおい》文《もん》綾《あや》

緋《あけ・ひ》小《こ》葵《あおい》文《もん》浮織《うきおり》

白《しろ》小《こ》葵文浮織《あおいもんうきおり》

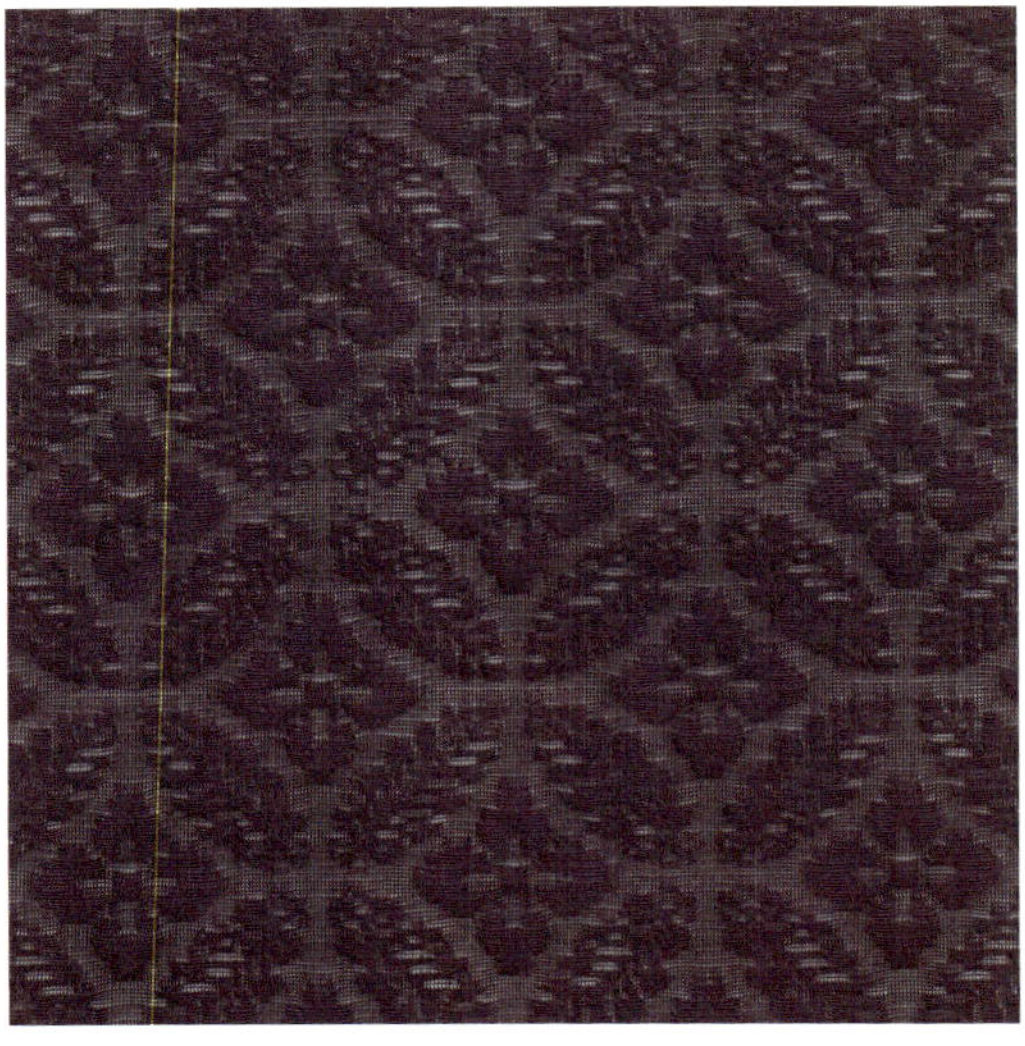

紫《むらさき》小《こ》葵文紗《あおいもんしゃ》

濃《こき》小《こ》葵《あおい》文《もん》綾《あや》

紫《むらさき》小《こ》葵《あおい》文《もん》綾《あや》

香《こう》地《ぢ》小《こ》葵《あおい》文《もん》金《きん》紗《しゃ》

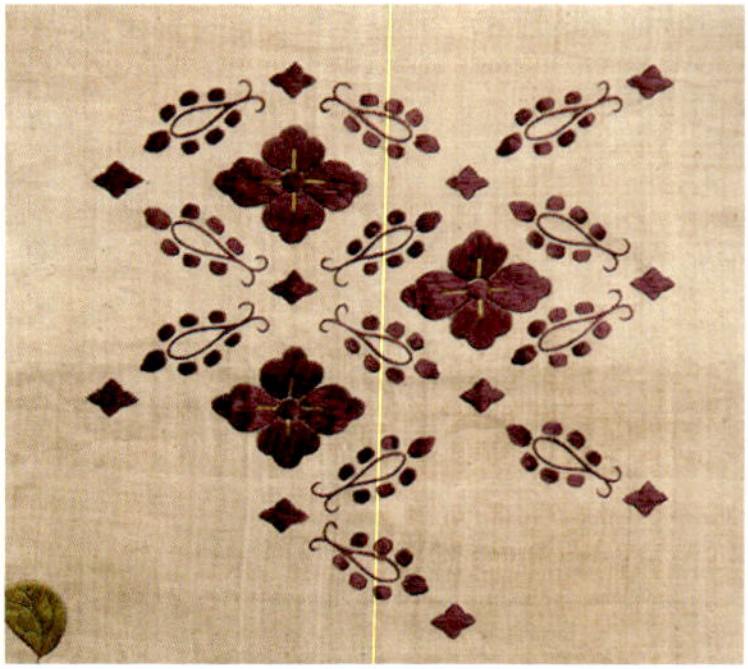

白麻《しろあさ》地《ぢ》 紫《むらさき》 小《こ》葵文《あおいもん》刺《し》繍《しゅう》

菊《きく》御《ご》紋《もん》小《こ》葵《あおい》文《もん》皿《さら》

黄《き》地《ぢ》紫《むらさき》雲立涌《くもたてわくに》小《こ》葵文《あおいもん》綾《あや》

白立涌文紗《しろたてわくもんしゃ》地《ぢ》藍《あい》小《こ》葵文縫取織《あおいもんぬいとりおり》

濃朽《こきくつ》葉《は》花丸《はなのまるに》小《こ》葵文《あおいもん》綸子《りんず》

濃朽《こきくつ》葉《は》綸子《りんず》地《ぢ》金《きん》小《こ》葵文《あおいもん》刺繍《ししゅう》

白《しろ》小《こ》葵向《あおいにむかい》鳳凰《ほうおう》丸《のまる》文《もん》浮織《うきおり》

白地《しらぢ》小《こ》葵色糸《あおいにいろいと》鳳凰丸《ほうおうのまる》菊折枝《きくおりえ》文《もん》金襴《きんらん》

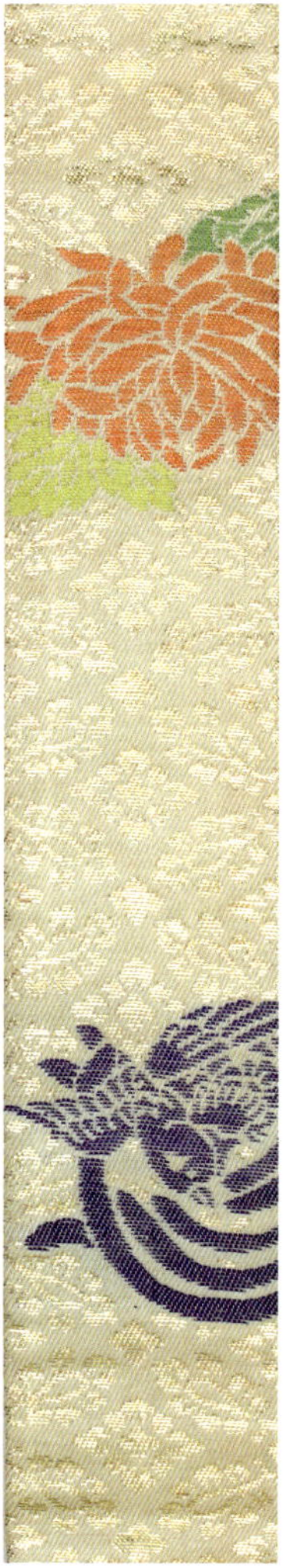

白《しろ》小《こ》葵《あおい》地《ち》紅《くれない》鳳《ほう》凰《おう》文《もん》二《ふた》陪《え》織《おり》

黒塗《くろぬり》地《ぢ》金《きん》鳳《ほう》凰《おうに》小《こ》葵《あおい》文《もん》文《ぶん》庫《こ》

黄《き》菊花《きくか》牡丹《ぼたん》唐草《からくさに》小《こ》葵《あおい》文《もん》緞子《どんす》

菊《きく》御《ご》紋《もん》菊《きく》折枝《おりえに》小《こ》葵《あおい》文《もん》蓋物《ふたもの》

菊《きく》御《ご》紋《もん》菊《きく》折枝《おりえに》小《こ》葵《あおい》文《もん》合子《ごうす》

黒塗《くろぬり》地《ち》菊折枝《きくおりえに》小《こ》葵文《あおいもん》蒔絵《まきえ》重箱蓋《じゅうばこふた》

九條《くじょう》藤紋《ふじもん》春草《はるくさに》小《こ》葵文《あおいもん》碗《わん》

繋《つなぎ》 文《もん》

七宝《しっぽう》繋

連続性のある文様は慶事が続く吉祥文として好まれ、今日でも広く用いられています。

輪が連続してつながる文様で、「四方《しほう》繋」が語源といわれています。中央に「花菱《はなびし》」があるものは「花輪違《はなわちがい》」とも称され、清涼殿《せいりょうでん》の朝餉間《あさがれいのま》の畳の縁などにも用いられます。また、舞楽《ぶがく》装束の貫頭衣《かんとうい》である裲襠《りょうとう》などにも用いられました。

赤地黄花輪違文綾《あかぢきはなわちがいもんあや》

白地《しらぢ》黄花《きはな》輪違《わちがい》文《もん》綾《あや》

紅《くれない》地《ぢ》白《しろ》亀甲《きっこう》丸《のまる》繋《つなぎ》中《ちゅう》唐花《からはな》文《もん》綾《あや》

赤地《あかぢ》黄花《きはな》輪違《わちがい》文《もん》浮織《うきおり》

蘇芳《すおう》花《はな》輪《わ》違《ちがい》文《もん》浮織《うきおり》

青《あお》(緑《みどり》)地《ち》黄《き》花《はな》輪《わ》違《ちがい》文《もん》綾《あや》(麹塵《きくじん》)

青《あお》(緑《みどり》)地《ぢ》萌黄《もえぎ》花輪《はなわ》違《ちがいに》 紫《むらさき》 紅《くれない》鳳凰丸《ほうおうのまる》文錦《もんにしき》

紅《くれない》地《ぢ》浅葱《あさぎ》七宝繋《しっぽうつなぎ》中菊《ちゅうきく》紋緞子《もんどんす》

菊《きく》御《ご》紋《もん》七宝繋《しっぽうつなぎに》 唐花《からはな》唐草《からくさ》菱文《ひしもん》合子《ごうす》

紅《くれない》地《ぢ》色糸《いろいと》七宝《しっぽう》繫《つなぎ》中《ちゅう》唐花《からはな》文《もん》金襴《きんらん》

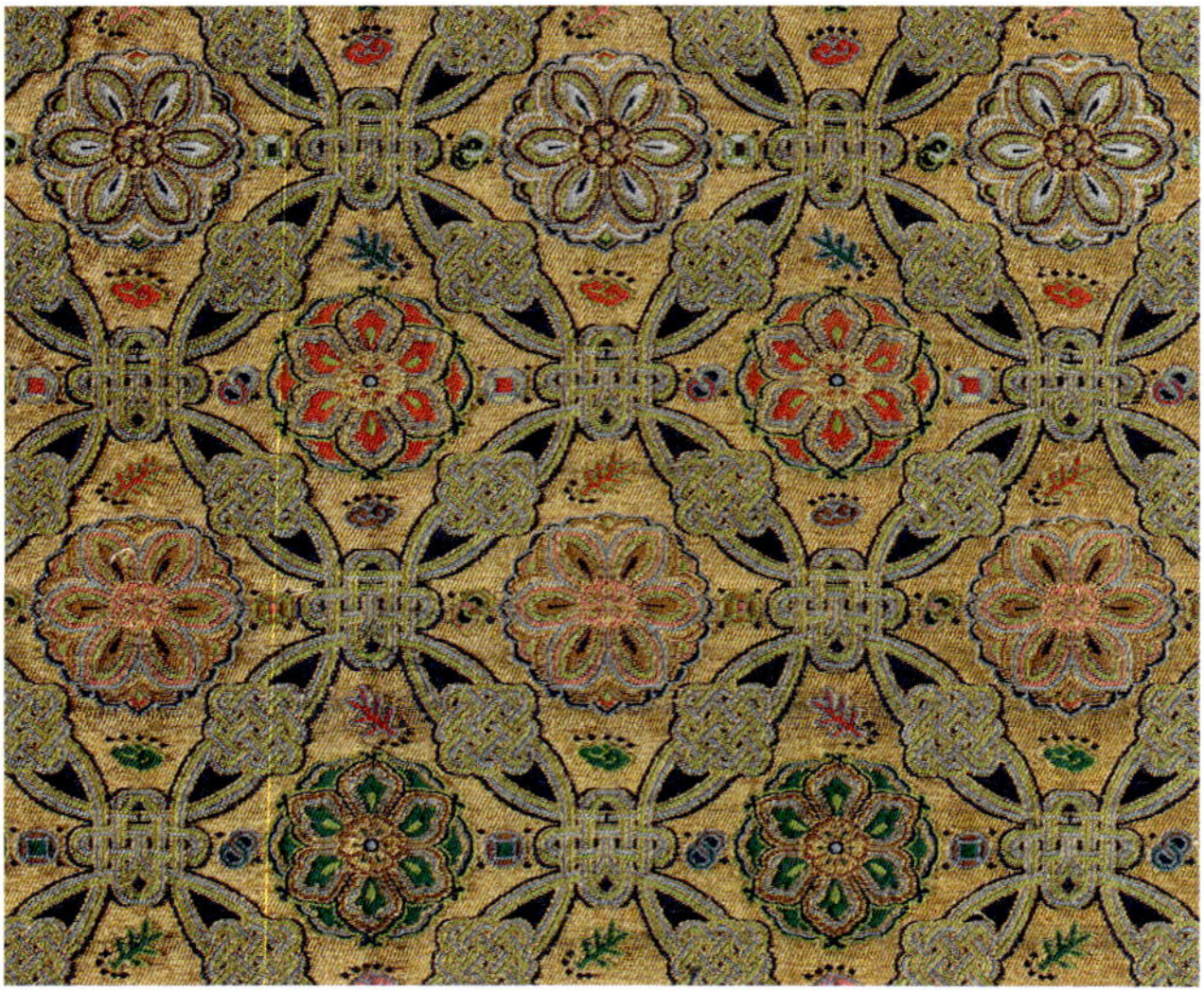

紺《こん》地《ぢ》色糸《いろいと》七宝《しっぽう》繫《つなぎ》中《ちゅう》唐花《からはな》文《もん》金襴《きんらん》

麻《あさの》葉《は》繋

幾何学的な連続文様で、主に地文とされました。

白《しら》地《ち》麻《あさの》葉《は》 繋《つなぎに》菊《きく》御《ご》紋《もん》金襴《きんらん》

菊《きく》御《ご》紋《もん》散《ちらし》破《やれ》麻《あさの》葉《は》 繋《つなぎに》梅《ばい》花《か》文《もん》皿《さら》

分銅繋《ふんどう》

「分銅」が連続する文様で、地文に多用されました。

萌黄《もえき》地《ち》色糸《いろいと》分銅繋《ふんどうつなぎ》中藤文錦《ちゅうふじもんにしき》

金《きん》地《ち》青《あお》(緑《みどり》)藤《ふじ》分銅《ふんどう》繋《つなぎに》紅白《こうはく》牡丹《ぼたん》文《もん》金襴《きんらん》

紺《こん》地《ち》白《しろ》分銅《ふんどう》繋《つなぎに》向鳳凰丸《むかいほうおうのまる》文錦《もんにしき》

金《きん》地《ち》紫《むらさき》分銅《ふんどう》繋《つなぎに》色糸《いろいと》九重《ここのえ》菊紋《きくもん》向鶴丸《むかいつるのまる》文《もん》金襴《きんらん》

菊《きく》御《ご》紋《もん》破《やれ》分銅《ふんどう》繋《つなぎに》鳳凰丸《ほうおうのまる》雲丸《くものまる》文《もん》皿《さら》

金《きん》地《ち》紫《むらさき》分銅《ふんどう》繋《つなぎに》色糸《いろいと》向《むかい》鳳凰丸《ほうおうのまる》文《もん》金襴《きんらん》

網《あみの》目《め》

「網」を広げた文様で、主として地文とされました。

紅《くれない》地《ぢ》網目《あみめに》金白《きんしろ》向枝喰《むかいえだくい》鳳凰丸文《ほうおうのまるもん》金襴《きんらん》

菊《きく》御《ご》紋《もん》破網目《やれあみめに》菊《きく》花《か》文《もん》嗽碗《うがいわん》

菊《きく》御《ご》紋《もん》破網目《やれあみめに》鳳凰丸文《ほうおうのまるもん》皿《さら》

網代《あじろ》（檜垣《ひがき》）

薄い檜の板を編んだ「網代」の文様は地文として好まれました。

菊《きく》御《ご》紋《もん》網代《あじろに》梅《ばい》花《か》文《もん》筒碗《つつわん》

紺《こん》網代《あじろ》文《もん》絽《ろ》

白地《しらち》網代《あじろに》二《に》條藤紋《じょうふじもん》金襴《きんらん》

籠《かご》目《め》

「竹」を粗く編み込んだ文様で、地文として多用されました。

金《きん》地《ち》紺《こん》籠目《かごめ》色糸《いろいと》向《むかい》枝《えだ》喰《くい》鳳凰《ほうおう》丸《のまる》牡丹《ぼたん》丸《のまる》文《もん》唐織《からおり》

紅《くれない》地《ち》籠目《かごめに》色糸《いろいと》花喰《はなくい》鳳凰《ほうおう》牡丹《ぼたん》折枝《おりえ》文金襴《もんきんらん》

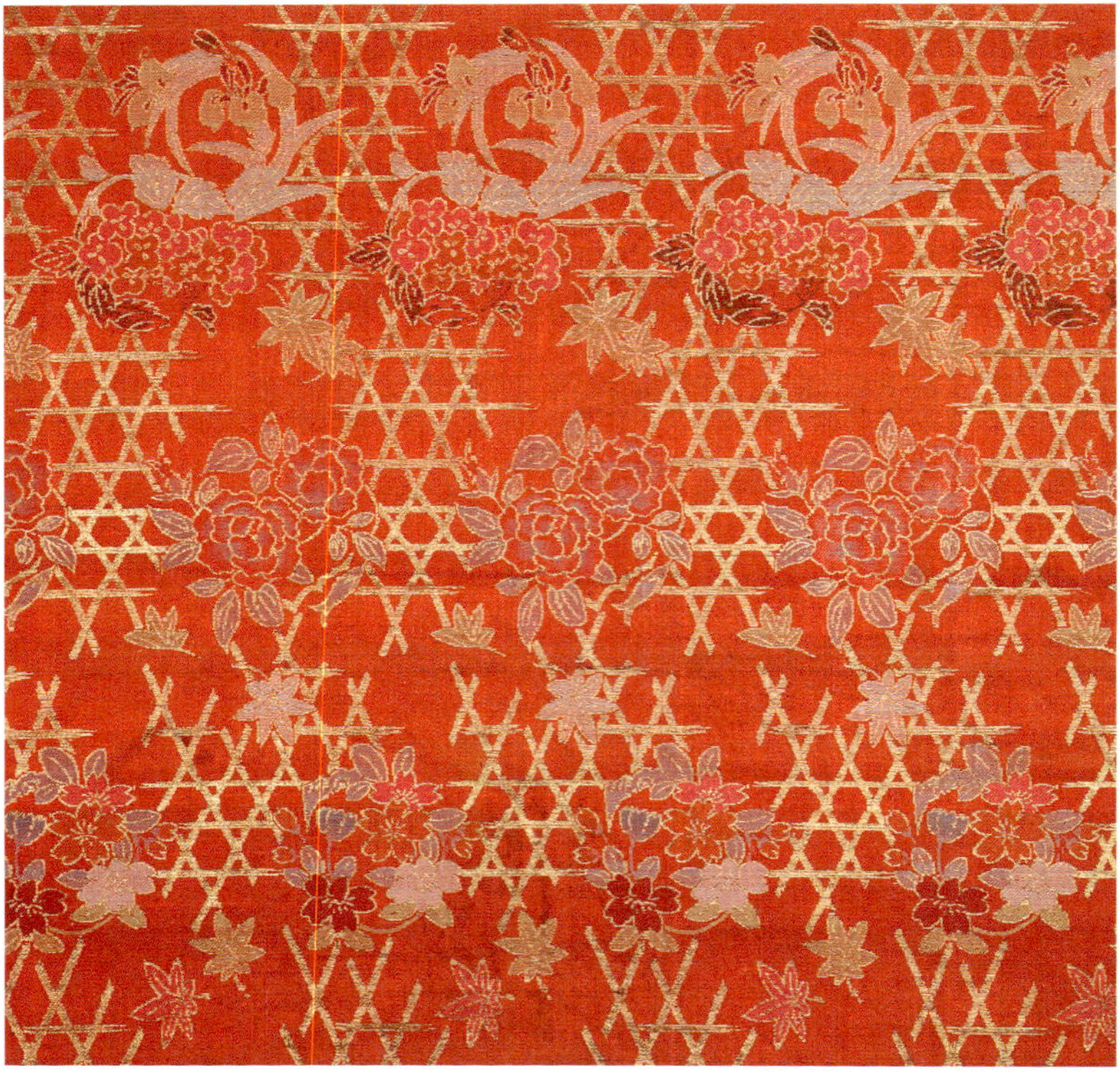

紅《くれない》 地《ち》破籠目色糸花丸文金襴《やれかごめにいろいとはなのまるもんきんらん》

青海波《せいがいは》

「波」を図案化した連続文様で、地文として用いられます。

　舞楽《ぶがく》の「青海波」の袍《うえのきぬ・ほう》は「青(緑)」の「波」の地文に色糸で千鳥が刺繍されていますが、この地文が名称の起源になりました。「采女《うねめ》装束」の掛《かけ》衣《きぬ》にも摺られました。

萌黄青海波文紗《もえぎせいがいはもんしゃ》

菊御紋破青海波文嗽碗《きくごもんやれせいがいはもんうがいわん》

濃朽葉地色糸青《こきくつはちいろいとせい》海波唐花文金襴《がいはからはなもんきんらん》

蜀《しょっ》江《こう》文《もん》

蜀江

中国の三国時代の蜀（二二一～二六三）で織られた錦《にしき》とされますが、実際には明（一三六八～一六四四）の時代の錦を「蜀江錦」と呼んでいます。精緻で華麗な織物です。連続文様ですが地文とされることはあまりなく、存在感を示しています。「有職」では基本的には金糸は用いませんが、それ以外の用途として金襴で織られたものも多用されました。

白地《しらじ》色糸《いろいと》蜀江文錦《しょっこうもんにしき》

白地《しらじ》色糸《いろいと》蜀江文錦《しょっこうもんにしき》

紅《くれない》地《ぢ》色糸《いろいと》蜀江《しょっこうに》白菊《しろきく》御《ご》紋《もん》唐織《からおり》

白《しら》地《ぢ》色糸《いろいと》蜀江《しょっこう》文《もん》錦《にしき》

紅《くれない》地《ち》色糸《いろいと》蜀江《しょっこう》文《もん》唐織《からおり》

朱《しゅ》地《ち》色糸《いろいと》蜀江《しょっこう》文《もん》金襴《きんらん》

黒地《くろぢ》色糸《いろいと》蜀江文《しょっこうもん》金襴《きんらん》

菊《きく》御《ご》紋《もん》破《やれ》蜀江《しょっこうに》鳳凰《ほうおう》文《もん》皿《さら》

光格天皇《こうかくてんのう》菊《きく》紋《もん》破《やれ》蜀江《しょっこう》文《もん》碗《わん》

その他

雲

天の象徴として、また、縁起の良い「瑞雲《ずいうん》」として好まれました。「鳳凰」や「鶴」などとも複合されて、装束や調度にも用いられました。

黄《き》雲《くも》文《もん》紗《しゃ》地《ぢ》色糸《いろいと》窠《か》文《もん》刺繍《ししゅう》

香《こう》雲《くもに》八藤《やつふじ・はっとう》文《もん》紗《しゃ》

赤《あか》地《ぢ》色糸《いろいと》雲《くもに》龍《りゅうの》丸《まる》文《もん》唐織《からおり》

親王《しんのう》菊紋《きくもん》雲鶴《うんかく》文《もん》鉢《はち》

朽木雲《くつきくも》（朽木形《くつきかた》）

朽ちた木を棚引く「雲」に見立てた文様です。几帳《きちょう》の帷《とばり》や調度などにも施され、平安時代には存在していました。

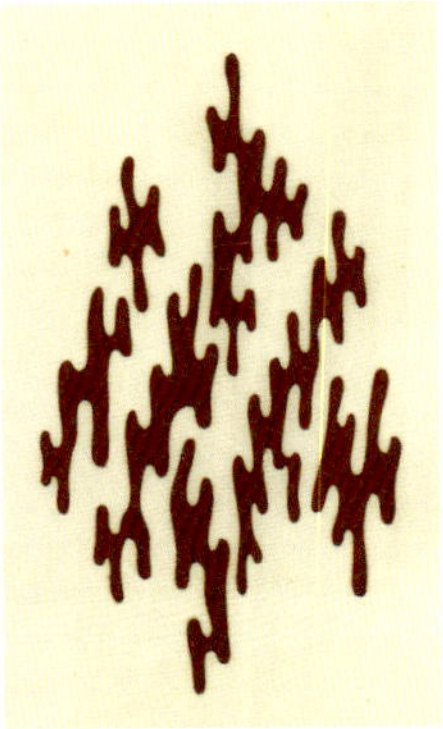

白《しろ》羽《は》二重《ぶたえ》地《ぢ》濃《こき》朽《くつ》葉《は》朽《くつ》木《き》雲《くも》摺《すり》

黄《き》地《ち》青《あお》（緑《みどり》）朽《くつ》木《き》雲《くもに》紫《むらさき》鳳凰《ほうおう》花《はなの》丸《まる》文《もん》錦《にしき》

菊《きく》御《ご》紋《もん》鳥《とり》 蝶《ちょうに》 朽《くつ》木《き》雲《くも》文《もん》皿《さら》

菊《きく》御《ご》紋《もん》散《ちらし》朽《くつ》木《き》雲《くも》文《もん》碗《わん》

菊《きく》御《ご》紋《もん》牡《ぼ》丹《たん》折《おり》枝《えに》朽《くつ》木《き》雲《くも》文《もん》皿《さら》

折枝《おりえ・おりえだ》

「菊」や「牡丹」「撫子《なでしこ》」など色々な植物の小枝を手折った文様で、格式張らない衣裳や調度などに用いられました。

青《あお》(緑《みどり》)亀甲花菱《きっこうはなびし》地《ち》 紫《むらさき》 菊折《きくおり》枝《え》文《もん》二陪《ふたえ》織《おり》

＊黒菊折《くろきくおり》枝《え》文《もん》(広幡《ひろはた》家)

＊黒菊折《くろきくおり》枝《え》文《もん》(京極宮《きょうごくのみや》)

濃朽《こきくつ》葉《は》地《ぢ》色糸《いろいと》菊《きく》折《おり》枝《え》文《もん》金襴《きんらん》

菊《きく》御《ご》紋《もん》菊《きく》折《おり》枝《え》文《もん》皿《さら》

紅《くれない》横繁菱文《よこしげひしもん》綾地《あやぢ》色糸《いろいと》菊《きく》折枝《おりえ》文《もん》縫取織《ぬいとりおり》

白麻地《しろあさぢ》色糸《いろいと》菊《きく》折枝《おりえ》文《もん》刺繡《ししゅう》

紅《くれない》地《ち》色糸《いろいと》菊《きく》折枝《おりえ》文《もん》銀襴《ぎんらん》

白《しら》地《ち》色糸《いろいと》梅《うめ》折枝《おりえ》文《もん》綾《あや》

麹塵《きくじん》菊《きく》折枝《おりえに》小《こ》葵《あおい》文《もん》緞子《どんす》

黒塗《くろぬり》地《ち》菊《きく》折枝《おりえに》小《こ》葵《あおい》文《もん》蒔絵《まきえ》盆《ぼん》

萌黄《もえき》地《ち》菊《きく》御紋《ごもんに》牡丹《ぼたん》折枝《おりえ》文《もん》金襴《きんらん》

白地《しらち》紫雲立涌《むらさきくもたてわくに》色糸《いろいと》牡丹《ぼたん》折枝《おりえ》文《もん》金襴《きんらん》

白麻《しろあさ》地《ち》色糸《いろいと》撫子《なでしこ》折枝《おりえ》青梅《あおうめ》折枝《おりえ》小葵文《こあおいもん》刺繍《ししゅう》

白麻地《しろあさぢ》色糸《いろいと》撫子《なでしこ》折枝《おりえ》文《もん》刺繡《ししゅう》

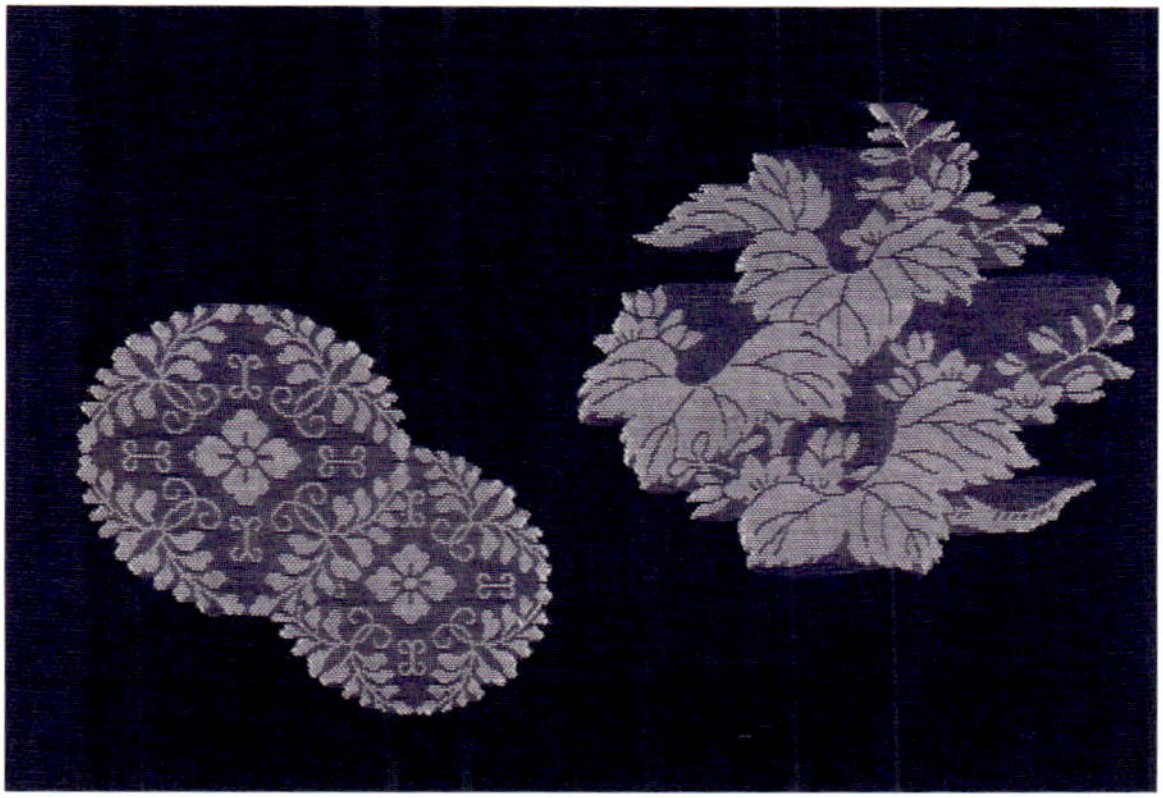

藍紗地《あいしゃぢ》白八藤桐《しろやつふじ・はっとうにきり》折枝《おりえ》文《もん》縫取織《ぬいとりおり》

濃朽《こきくつ》葉《は》綸子《りんず》地《ぢ》色糸《いろいと》桜《さくら》折《おり》枝《え》文《もん》刺《し》繍《しゅう》

＊青《あお》(緑《みどり》)柳折枝《やなぎおりえに》梅折《うめおり》枝《え》文《もん》

白麻地《しろあさぢ》青《あお》(緑《みどり》)菊折《きくおり》枝《え》文摺《もんすり》

菊《きく》御《ご》紋《もん》鳳凰《ほうおうに》桜《さくら》折枝《おりえ》牡丹《ぼたん》折枝《おりえ》菊《きく》折枝《おりえ》文《もん》皿《さら》

菊《きく》御《ご》紋《もん》鶴《つるに》牡丹《ぼたん》折枝《おりえ》文《もん》皿《さら》

光格天皇《こうかくてんのう》菊紋《きくもん》梅《うめ》折枝《おりえ》文皿《もんさら》

菊《きく》御《ご》紋《もん》散《ちらし》桜《さくら》折枝《おりえ》文皿《もんさら》

一條《いちじょう》藤《ふじ》紋《もん》破《やれ》蜀江《しょっこうに》椿《つばき》折枝《おりえ》撫子《なでしこ》折枝《おりえ》文《もん》皿《さら》

菊《きく》御《ご》紋《もん》破《やれ》亀甲《きっこうに》根《ね》引《ひき》松《まつ》文《もん》碗《わん》

花

「花」を単独で用いましたが、「花」を散らしたものは「散花《ちらしはな》」と称されました。

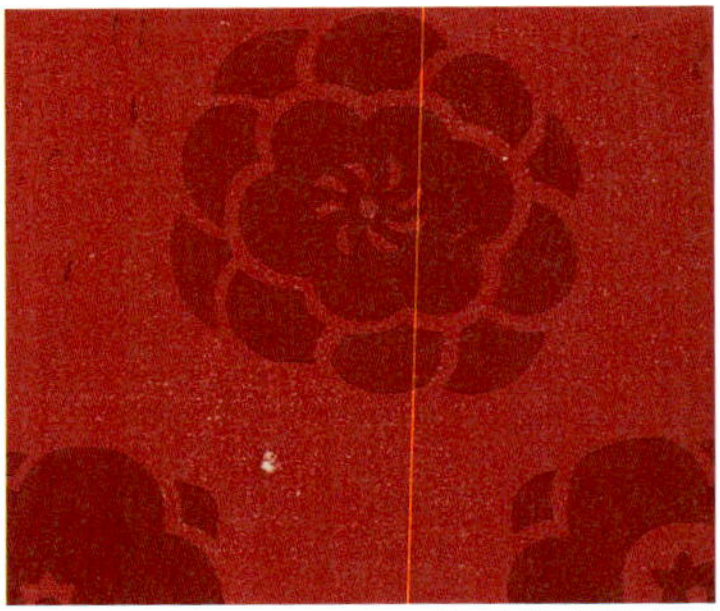

＊蘇芳《すおう》八重《やえ》梅花文《ばいかもん》

＊薄紅《うすきくれない》地《ぢ》白《しろ》八重《やえ》一重《ひとえ》桜花文《おうかもん》

光格天皇《こうかくてんのう》菊紋《きくもん》菊花文《きくかもん》皿《さら》

青《あお》(緑《みどり》)菊花文《きくかもん》綾《あや》

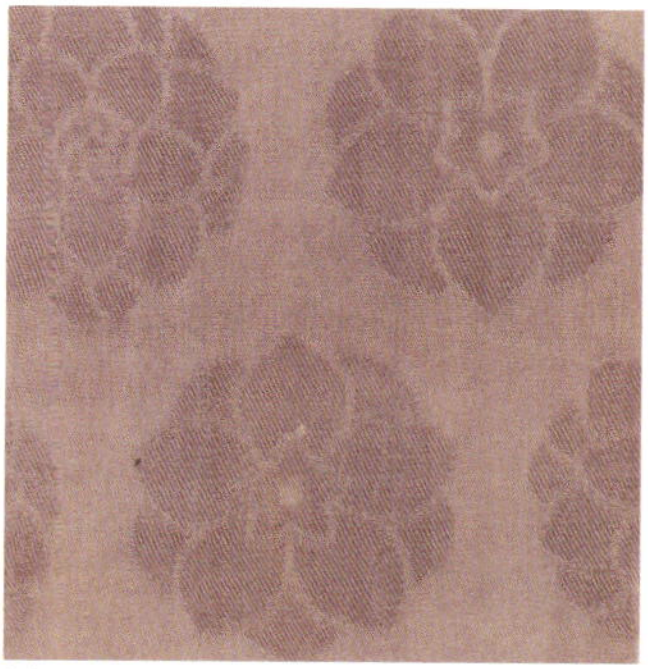

薄色《うすいろ》八重《やえ》花文綾《はなもんあや》

＊蘇芳《すおう》八重《やえ》梅花文《ばいかもん》

紫《むらさき》 菊花《きくくゎいに》八重《やえ》桜花文綾《おうかもんあや》

橙《だいだい》 八重《やえ》梅花文綾《ばいかもんあや》

黄《き》地《ぢ》紅《くれない》散《ちらし》花《はな》文《もん》綾《あや》

濃《こき》地《ぢ》白《しろ》散《ちらし》花《はな》文《もん》綾《あや》

黄《き》地《ぢ》四色《ししき》散《ちらし》花《はな》文《もん》錦《にしき》

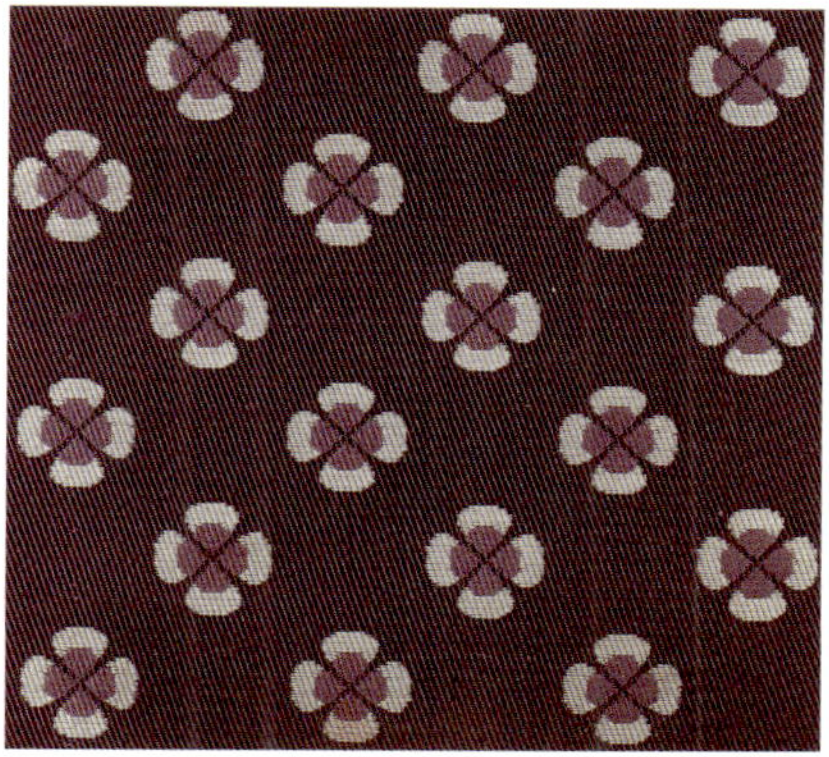

紫《むらさき》地《ぢ》白《しろ》花《はな》文《もん》綾《あや》

縹《はなだ》麻《あさ》地《ぢ》色花《いろはなに》唐花《からはな》文《もん》摺《すり》

唐《から》花《はな》

種類を特定できない「花」は大陸由来として「唐花」とされました。また、独立した「花」として扱われた「花菱」も「唐花」としました。一方、唐（六一八〜九〇七）の時代に成立したとされる「宝相華《ほうそうげ》」は奈良時代から平安時代には貴族や仏教で好まれ、一旦廃れましたが明治になってから復活しました。その種類は多岐にわたります。

＊海松色《みるいろ》唐花文《からはなもん》

＊薄橙《うすきだいだい》唐花文《からはなもん》

＊紫《むらさき》唐草《からくさ》唐花文《にからはなもん》

＊縹《はなだ》唐草《からくさ》唐花文《にからはなもん》

麹塵《きくじん》唐草《からくさ》唐花文《にからはなもん》緞子《どんす》

＊白《しら》地《ち》 紫《むらさき》 唐花菱文《からはなひしもん》

黄《き》地《ち》 紫《むらさき》 唐花菱文綾《からはなひしもんあや》

紫《むらさき》地《ぢ》白菱《しろひし》唐草《からくさ》中《ちゅう》唐花《からはな》菱《ひし》文《もん》綾《あや》

＊葡萄色《ぶどういろ》地《ぢ》白菱《しろひし》唐草《からくさ》中《ちゅう》唐花《からはな》菱《ひし》文《もん》
（甘露寺《かんろじ》家）

濃朽《こきくつ》葉《は》唐花《からはな》菱《ひし》文《もん》紗《しゃ》

黄《き》地《ぢ》紫《むらさき》小《こ》葵《あおいに》白《しろ》唐花《からはな》文《もん》錦《にしき》

赤《あか》地《ぢ》色糸《いろいと》唐花《からはな》文《もん》錦《にしき》

萌《もえ》黄《き》唐花《からはな》窠《か》中《ちゅう》唐花《からはな》文《もん》緞子《どんす》

赤《あか》地《ぢ》色糸《いろいと》唐草《からくさに》唐花《からはな》文《もん》錦《にしき》

赤《あか》地《ぢ》青《あお》(緑《みどり》)唐草《からくさ》色《いろ》糸《いと》唐花《からはな》文《もん》錦《にしき》

赤《あか》地《ぢ》色《いろ》糸《いと》宝《ほう》相《そう》華《げ》文《もん》錦《にしき》

赤《あか》地《ぢ》色《いろ》糸《いと》宝《ほう》相《そう》華《げ》文《もん》錦《にしき》

赤《あか》地《ぢ》色《いろ》糸《いと》宝《ほう》相《そう》華《げ》文《もん》錦《にしき》

赤《あか》地《ぢ》色《いろ》糸《いと》宝《ほう》相《そう》華《げ》文《もん》錦《にしき》

白《しら》地《ぢ》唐花《からはな》文《もん》金襴《きんらん》

青《あお》(緑《みどり》)地《ぢ》亀甲《きっこう》花菱《はなびし》赤《あか》唐花《からはな》文《もん》金襴《きんらん》

白《しら》地《ぢ》蜀江《しょっこう》中《ちゅう》色糸《いろいと》唐花《からはな》菊《きく》御紋《ごもん》金襴《きんらん》

赤地《あかぢ》色糸《いろいと》唐草《からくさ》唐花《からはな》文《もん》錦《にしき》

赤地《あかぢ》色糸《いろいと》唐草《からくさ》唐花《からはな》文《もん》錦《にしき》

蟹《かに》牡《ぼ》丹《たん》

靴《かのくつ》の筒などに用いられます。

赤《あか》地《ぢ》色《いろ》糸《いと》蟹《かに》牡《ぼ》丹《たん》文《もん》錦《にしき》

赤《あか》地《ぢ》色《いろ》糸《いと》蟹《かに》牡《ぼ》丹《たん》文《もん》錦《にしき》

赤《あか》地《ち》色糸《いろいと》蟹《かに》牡丹《ぼたん》文《もん》錦《にしき》

赤《あか》地《ぢ》色糸《いろいと》蟹《かに》牡丹《ぼたん》文《もん》錦《にしき》

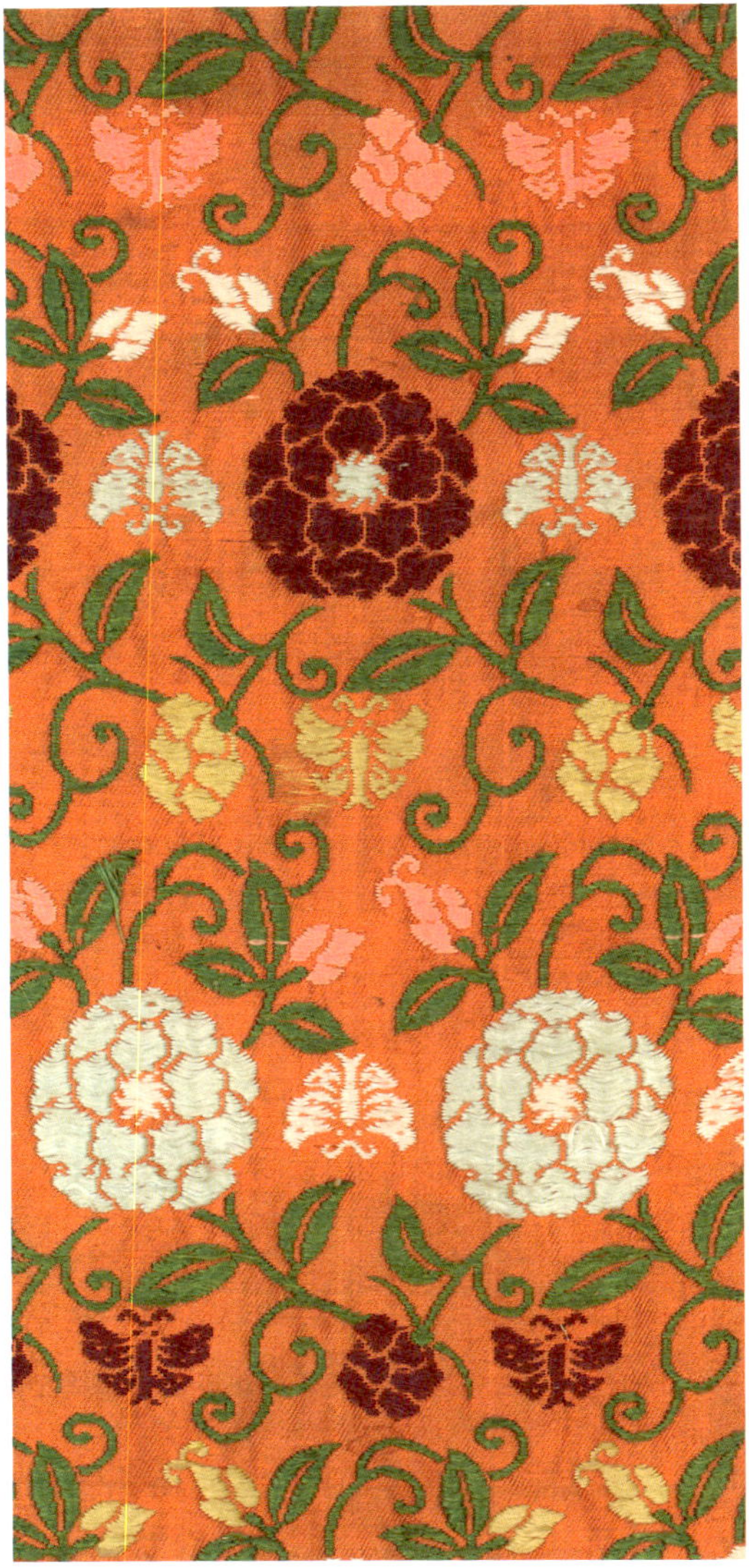

赤《あか》地《ぢ》色糸《いろいと》蟹《かに》牡丹《ぼたん》文《もん》錦《にしき》

【有職故実《ゆうそくこじつ》】

「有職故実」とは宮中や公家の官職や儀式、また、装束や調度などを研究することで、「有職」はその知識を、「故実」はその元となった事例などを指します。「有職故実」には平安時代以来の多大な事例と知識の蓄積がありますので、その約束事に従って種々の事柄が決められました。しかし、それらの「故実」の中には矛盾したものが存在したり、前例のない事例への対応が必要なこともあり、それぞれの事項に対しての研究や工夫がなされました。そして「有職故実」に適わないことや知識がないことは「恥」と認識されました。ところで時代によっては「有職故実」の適用が厳密であったり、逆に弛緩したこともありましたが、それは、例えば「応仁《おうにん》・文明《ぶんめい》の乱」(一四六七〜一四七七)などの戦乱や天災などで資料が失われたり技術が断絶するなど、「有職故実」にとっても甚大な損失を蒙《こうむ》った時代があったからでした。「有職故実」は、その時の状況や当事者の経済状態など、周囲の環境の影響を受けながら伝えられてきたのです。一方、「有職故実」の適用がその時点で可能かどうかは別としても、知識としての蓄積は継続して行われ、研究されてきました。そして、これらの知識を後代に伝えることは公家の重要な役割でした。従って「有職故実」がどのように伝えられてきたかを理解するには、それを担ってきた公家の構成を知る必要があります。

公家を分類すると、最高の家格として摂政・関白になることができる摂関家《せっかんけ》(摂家《せっけ》)は近衛《このえ》、九條《くじょう》、二條《にじょう》、一條《いちじょう》、鷹司《たかつかさ》の五家がありました。五摂関家の始まりは平安時代末期に、藤原基《もと》実《ざね》(一一四三〜一一六六)とその弟の兼実《かねざね》(一一四九〜一二〇七)が近衛家と九條家を興し、その後、近衛家から鷹司家が、九條家からは二條家と一條家が分かれました。五摂関家の筆頭は近衛家で、幕末までは加冠《かかん》(冠を加える儀式、元服)の時に宸翰《しんかん》(天皇の直筆)で名前を賜るなど、格別の扱いを受けていました。摂関家の次は三公《さんこう》(左大臣・右大臣・内大臣)と右近衛大《うこんえのだい》将《しょう》(左近衛大将には摂関家が任じられました)を兼ねることができる精華家《せいが》(三條《さんじょう》、今出川《いまでがわ》、大炊御門《おおいのみかど》、花山院《かざんいん》、徳大寺《とくだいじ》、西園寺《さいおんじ》、醍醐《だいご》、久我《こが》、広幡《ひろはた》)があります。その次には、大臣には任じられますが右近衛大将を兼ねない大臣家《だいじん》(正親町三條《おおぎまちさんじょう》、三條西《さんじょうにし》、中院《なかのいん》)があり、それに続く羽林家《うりんけ》、名家《めいけめいか》、半家《はんけ》があります。江戸時代には百数十の公家の家がありましたが、大部分は五摂関家のどれかに所属していました。これを門流《もんりゅう》、あるいは家来《けらい》、家礼《かれい》といい、室町時代より始まったとされています。幕末には近衛家には四十八家、九條家には二十家、二條家には四家、一條家には三十七家、鷹司家には八家が所属していました。一方、三條家や徳大寺家、久我家など、どこにも所属しない家（非門流）も十五家ありました。五摂関家は藤原氏ですが、門流は藤原氏に限らず、源氏、平家、菅家《かんけ》（菅原氏）がありました。家礼は結婚や養子、元服などに関して所属する摂関家の許可が必要だったり、摂関家が御所に新年の挨拶に参内《さんだい》する時にはこれに従うなど、従者的関係でした。また、公家には特殊な知識や技術である「家の学問（公家《くげ》家学《かがく》・公家家業《かぎょう》）」を伝える家がありますが、これをもって摂関家に仕え、御所に仕えました。同族であっても門流を異にしている家がありますが、これはどちらかに問題が発生しても断絶しないための工夫であったように思われます。一方、一族の全家が同じ門流の家系もあります。

　門流に所属する公家は摂関家から政治や学芸などの礼式を学び、また、摂関家を介して昇進したり、禁中での役を勤めましたが、この時の作法などは摂関家が統括しました。従って行事などでの不手際は当人やその家だけではなく、所属する摂関家も関与するため、責任は重大でした。

　このような環境の中で「有職故実」は伝えられ研究されてきましたが、室町時代には武家も関与し、江戸時代になると公家や武家だけではなく関心を持つさらに多くの人の間で、より広く研究が行われるようになりました。

家《か》格《かく》

摂関家《せっかんけ》(摂家《せっけ》)(五家)

近衛《このえ》、九條《くじょう》、二條《にじょう》、一條《いちじょう》、鷹司《たかつかさ》

精華家《せいが》(九家)

三條《さんじょう》、西園寺《さいおんじ》、徳大寺《とくだいじ》、花山院《かざんいん》、大炊御門《おおいのみかど》、今出川《いまでがわ》(菊亭)、久我《こが》、広幡《ひろはた》、醍醐《だいご》

大臣家《だいじん》(三家)

正親町三條《おおぎまちさんじょう》、三條西《さんじょうにし》、中院《なかのいん》

羽林家《うりん》(六十六家)

正親町、滋野井、姉小路《あねのこうじ》、清水谷、四辻、西四辻、小倉、河鰭《かわばた》、阿野、橋本、花園、裏辻、梅園、山本、大宮、風早、武者小路、押小路《おしのこうじ》、高松、藪(高倉)、中園、高丘、園池、中山、難波《なんば》、飛鳥井《あすかい》、野宮、今城《いまき》、中御門《なかみかど》(松木)、持明院、園、東園、壬生《みぶ》、高野、石野《いわの》、石山、六角、上冷泉、下冷泉、藤谷、入江、四條、山科《やましな》、西大路、鷲尾、油小路、櫛笥《くしげ》、八條、水無瀬、七條、町尻、桜井、山井、堀河、樋口、庭田、綾小路、大原、六條、岩倉、千種、東

久世、久世、梅溪、愛宕《おたぎ》、植松

名家《めいけ・めいか》（二十九家）

日野、広橋、柳原、烏丸《からすま》、竹屋、日野西、勘解由小路《かげゆこうじ》、裏松、外山、豊岡、三室戸、北小路、甘露寺、葉室、勧修寺《かじゅうじ》、万里小路《までのこうじ》、清閑寺《せいかんじ》、中御門《なかのみかど》、坊城、芝山、池尻《いけがみ》、梅小路、岡崎、穂波、堤、西洞院《にしのとういん》、平松、長谷《ながたに》、交野

半家《はんけ》（二十五家）

高倉、富小路、竹内、五辻、慈光寺、白川、石井《いわい》、高辻、五條、唐橋、東坊城、清岡、桑原、船橋、伏原、澤、藤波、吉田、萩原、錦織《にしごり》、藤井、土御門、倉橋、錦小路、北小路

門《もん》流《りゅう》

近衛家（四十八家）
正親町三條、滋野井、四辻、小倉、阿野、裏辻、園池、難波、持明院、高野、石野、日野、広橋、柳原、竹屋、日野西、勘解由小路、裏松、外山、豊岡、三室戸、北小路、万里小路、芝山、山科、西大路、櫛笥、八條、水無瀬、七條、町尻、桜井、山井、高倉、富小路、竹内、慈光寺、西洞院、平松、長谷、交野、石井、船橋、吉田、萩原、錦織、土御門、錦小路

九條家（二十家）
姉小路、山本、大宮、風早、高松、下冷泉、甘露寺、葉室、勧修寺、坊城、穂波、鷲尾、油小路、堀河、樋口、綾小路、五辻、唐橋、伏原、澤

二條家（四家）
花園、中御門、岡崎、白川

一條家（三十七家）
西園寺、花山院、大炊御門、今出川（菊亭）、醍醐、正親町、清水谷、橋本、梅園、藪（高

倉)、中園、中山、飛鳥井、野宮、今城、中御門(松木)、園、壬生、石山、六角、烏丸、清閑寺、池尻、梅小路、四條、庭田、大原、岩倉、千種、高辻、植松、五條、東坊城、清岡、桑原、藤波、倉橋

鷹司家(八家)

西四辻、高丘、上冷泉、藤谷、入江、堤、梅溪、藤井

非門流(十五家)

三條、徳大寺、久我、広幡、三条西、中院、河鰭、武者小路、押小路、東園、六條、東久世、久世、愛宕、北小路

【衣《え》紋《もん》】

公家の装束の仕立てや着付けを「衣紋」といいます。

鳥羽天皇(一一〇三〜一一五六、在位一一〇七〜一一二三)は装束に深い関心を持たれましたが、この時代、後三条天皇(一〇三四〜一〇七三、在位一〇六八〜一〇七三)の孫の源有仁《ありひと》花園左府《はなぞのさふ》(一一〇三〜一一四七)も格別装束を好み、「衣紋の祖」と称されました。有仁が登場するまでは「萎《なえ》(凋)装束」といわれる柔らかい生地で仕立てられた装束でしたが、その後は糊を引いた硬い生地に折目を付けた「強《こわ》(剛)装束」になりました。「衣紋」の流れは大炊御《おおいのみ》門《かど》家と徳大寺《とくだいじ》家へ伝えられ、鎌倉時代以降に大炊御門家から高倉《たかくら》家へ、徳大寺家から山科《やましな》家へと継承されました。それ以来、男性の装束の仕立てや着付けは、このどちらかの方式で行われています。一方、女性には両家の別はなく、袙扇《あこめおうぎ》(いわゆる「十二単」などの時に持つ檜《ひ》扇《おうぎ》)の飾花に違いがあるくらいです。

「有職の文様」での両家の違いは、「幸菱《さいわいひし》」の読み方と文字に表れています。「幸菱」は元来、菱と菱の先が合っている、あるいは間《あ》いている「先合《さきあい》(間)菱《ひし》」でしたが、高倉家では縁起の良い文字を充てて「幸菱」に、山科家では文字を変えて「千剣菱《せんけんひし》」になりました。

また、夏（夏と秋）の装束の織物である、縠織《こめおり》は高倉家での名称で、山科家では、かつては顕文紗文縠《けんもんしゃもんこめ》と称したようです。

【陰陽《いんよう》五行《ごぎょう》】

「陰陽説」は「易《えき》」に由来します。「易」では宇宙の根源の「混沌《こんとん》」を「太極《たいきょく》」とし、この「一元」から「陰陽」の「二気」、あるいは「天地乾坤《てんちけんこん》」が生じると説きます。「易」では森羅万象《しんらばんしょう》を「陰陽」で読み解きます。例えば能動的なものを「陽」、受動的なものを「陰」としますが、これは絶対的なものではなく、状況によって変化します。また、「陰陽」の「二気」の交感から「木火土金水《もくかどごんすい》」の「五気」、あるいは「五元素」が生じ、これに時間、空間、事物、事象の一切が還元されます。この「五気」の循環が「五行」で、その中には種々の法則があります。その一つとして、「五行」が対立することなく順次発生し循環するのを「五行相生《そうじょう》」、逆に闘争するのを「五行相剋《そうこく》」とします。そこには不断の「和」と「争」があり、「変化」があります。この「和」と「争」の中に「調和」を、「変化」の中に「不変」を見るとされています。

「五行」を各要素に配当すると、以下のようになりますが、これ以外にも例えば「五臓《ごぞう》」や「五味《ごみ》」など、その要素は種々あります。

五行	五時	五方	五色	四神《しじん》
木	春	東	青	青龍《せいりゅう》
火	夏	南	赤	朱雀《すざく》
土	土用	中央	黄	
金	秋	西	白	白虎《びゃっこ》
水	冬	北	黒	玄武《げんぶ》

これらは早くから日本に伝わりましたが、五一三年には「易」が伝来し、六〇二年には百済《くだら》の僧、観勒《かんろく》（生没年不詳）が遁甲《とんこう》（奇門遁甲とも称される古代中国の占術）や方術《ほうじゅつ》（古代中国を起源とする仙人が使う霊妙な術。神仙術）などを伝えたことが記録に残されています。その後、「陰陽五行」は天智天皇（六二六～六七二、在位六六八～六七二）の頃には広く浸透し、天武天皇（六三一？～六八六、在位六七三～六八六）の頃には最盛期を迎え、「壬申《じんしん》の乱」（六七二）の後の六七五年には国の機関として「陰陽寮《おんみょうりょう》」が設けられました。そして儀式や行事などの「陰陽五行」による理論付け、あるいは読み替えが行われた結果、そのような理論を持たなかった古代の日本人の意識に入り込み、精神的な拠り所になりました。神道は日本固有と思われるかも知れませんが、これにも多く取り入れられ、仏教も影響を受けていま

す。従って私達の生活の中には意識することのない部分にまで「陰陽五行」が入り込んでいることがあります。

「陰陽」では奇数は「陽」、偶数は「陰」とするなど、相対するものを「陰陽」に対応させます。そして「陽」と「陽」、「陰」と「陰」が重ならないように、つまり「陽」と「陰」を組み合わせるのが原則です。「陰陽」は「有職の文様」の数や配置などにも反映しています。

【色と装束】

源高明《たかあきら》（九一四〜九八三）が著した『西宮記《さいきゅうき・さいぐうき》』には醍醐天皇（八八五〜九三〇、在位八九七〜九三〇）の延喜七年（九〇七）二月二十三日に時の左大臣、藤原時平《ときひら》（八七一〜九〇九）が「天皇の朝服の綾文が臣下と同じなのは、はなはだ宜しくないので区別すべき」と述べたことが記載されています。つまり、それ以前は身分による装束の区別は文様ではなく、色でした。色によって身分を分けた最初のものは、聖徳太子（五七四〜六二二）が制定した『冠位十二階』（六〇四）ですが、それ以降『養老律令《ようろうりつりょう》』（七五七）の位袍《いほう》（官位に応じた装束の袍）に至るまで、位階《いかい》に応じた装束の色が規定され、その後も継承されました。装束と色との関わりは重要ですが、色に対する認識や重要性は時代による変動があるため、注意する必要があります。

五《ご》色《しき》の色

「五色の短冊」や「五色の幕」「五色の雲」などで知られる伝統的な色の基本の「五色」とは「青」「黄」「赤」「白」「黒」を指します。

青

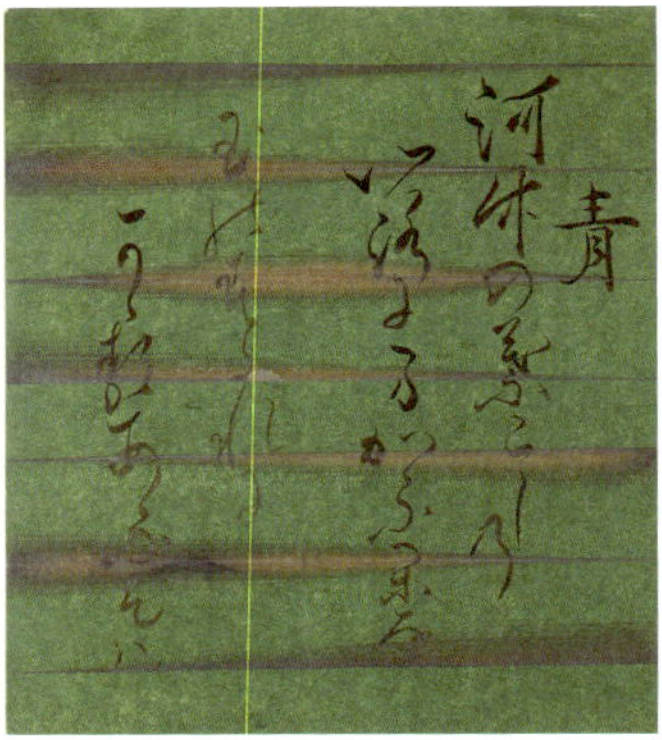

河竹の葉こしの
いろにまかふかな
玉のすたれに
かかるあふひは
（五色和歌・青）

伝統色の「青」は「白砂《はくさ》青松《せいしょう》」や「青々とした野菜」「青竹」など現在でも使われている言葉に

もあるように「緑・グリーン」を指します。現在の「青・ブルー」は「縹《はなだ》」などと呼ばれていました。従って、一般的に認識されている「青・ブルー」と伝統色の「青・グリーン」とを混同しないように注意しなくてはなりません。それは伝統色には意味が込められていますが、「グリーン」と「ブルー」とでは意味するものが異なるからです。

「五色」は「陰陽五行《いんようごぎょう》」とも関連し、伝統色の「青・グリーン」は「木」「春」「東」「龍」などを表します。一方、「縹・ブルー」は状況によっては「喪《も》」を表し、その色の濃さで「喪」の程度を表していた時代もありました。従って伝統色の「青」を「ブルー」にすることはできません。

聖徳太子の『冠位十二階』(六〇四)では「濃青」と「薄青」が記載されています。この時代の「青」が「ブルー」を指していた可能性は否定できませんが、その後の『冠位四十八階』(六八五)では「深緑《こき・ふかき》」「浅緑《うすき・あさき》」とされ、「青」ではありませんでした。この当時「青」系統を代表する色は「緑・グリーン」と認識されていたようです。その後の『飛鳥浄御原令《あすかきよみはらりょう》』での改正(六八九)や『大宝律令《たいほうりつりょう》』(七〇一)、および『養老律令《ようろう》』(七五七)の位袍では「深緑」「浅緑」に続いて「深縹」「浅縹」とされましたが「青」の記載はなく、「緑」は「グリーン」、「縹」は「ブルー」と使い分けられていたことが分かります。

ところで聖武天皇(七〇一〜七五六、在位七二四〜七四九)や光明皇后(七〇一〜七六〇)の時代以前から使われた、「奈良」に掛かる枕詞《まくらことば》の「青丹《あおに》よし」は、宮殿や寺院などの柱の「丹」と、連子窓《れんじまど》などの「青」に由来しているといわれています。そして連子窓は「グリーン」に塗られ、「ブルー」ではありませんでした。

その後の平安時代の摂関期《せっかんき》の位袍には「青」や「緑」の文言はありませんが、六位の袍の色は「縹・ブルー」とされ、江戸時代まで引き継がれました。これは「緑」の染色は「藍」で染めた上に「黄（苅安《かりやす》で染めます）」をかけますが、時の経過に伴って「黄」が退色して「藍（縹）」となるため、『養老律令』での位袍の「緑」が「縹」に統合されたといわれています。

黄

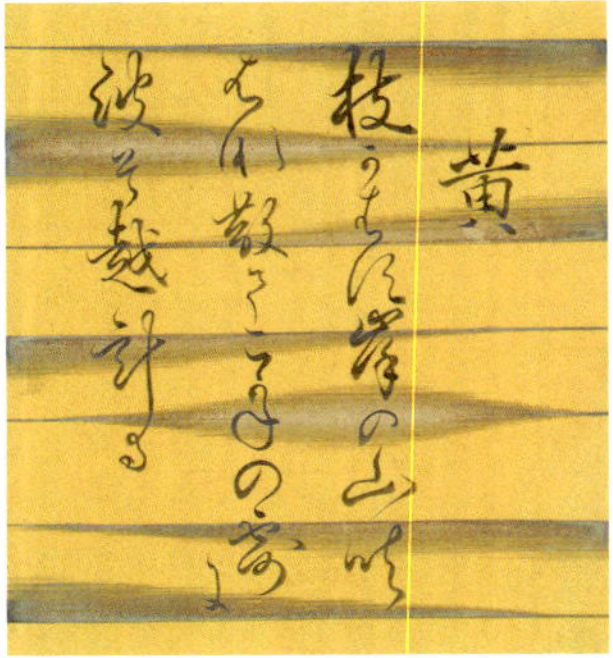

枝かはす岸の山吹
はな散てこかねの露に
波そ越ける
（五色和歌・黄）

装束での「黄」は、あまり高い位置を与えられませんでした。これは「黄」の染料が安価だったことも関係していると思われます。権力者が独占する色は基本的に染料が高価であったり、染色法が容易ではないものが多いのです。しかし、「黄」は中央や中庸《ちゅうよう》、中道《ちゅうどう》を指します。また、古代中国では皇帝を表し、皇帝の装束や禁裏の瓦の色も「黄」とされたほどでした。

赤

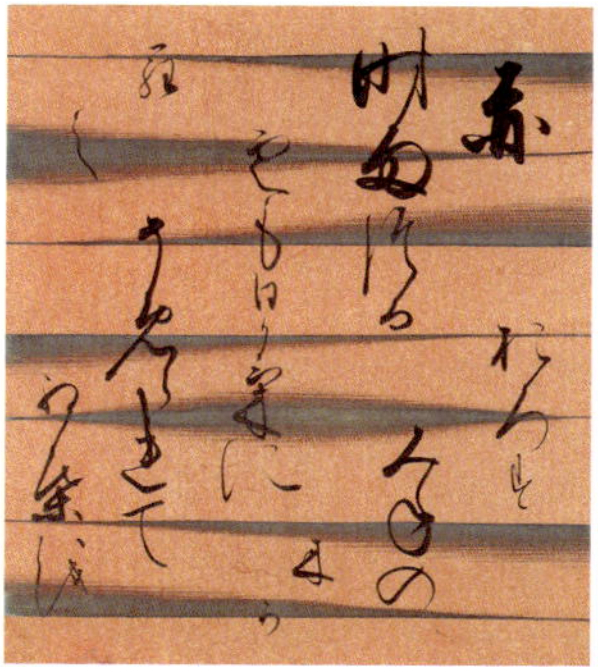

時雨つる
雲も日かけに
そめられて
紅葉を
おろす
みねの
木からし
(五色和歌・赤)

「赤」は『冠位十二階』では上から「濃紫」「薄紫」「濃青」「薄青」に次ぐもので、「濃赤」「薄赤」でした。その後の『冠位四十八階』では最上位の親王明位《みょうい》と諸王浄位《じょうい》が「朱華《はねず》」で、『飛鳥浄御原令』での改正では親王明位と諸王浄位が「朱華」、諸臣直位《じきい》が「緋《あけ》」とされました。また、『養老律令』の位袍では諸臣四位が「深緋」、諸臣五位が「浅緋」でしたが、平安時代の摂関期になると四位以上が「黒」で、五位が「深緋(赤)」になり、これが原則的に江戸時代まで維持されました。それぞれの色の表記から赤系統での色の違いがあったと思われます。

いずれにしても「赤」は染料としては高価で、源氏の白旗に対して平家の赤旗は、それだけでも平家が裕福だったことを示しています。また、公家が経済的に困窮した幕末、貸装束屋では「黒」や「縹」の袍の賃料が百匹(二千五百文)であったのに対し、「黒」の袍より下位の「赤」の袍は二百匹であったことにも反映しています。

一方「赤」は異界を表す色とされました。神社の鳥居には白木や黒木もありますが、多くは朱ですし、寺社建築に朱が多く用いられていることにも関連しています。従って平安時代には五位の「束帯《そくたい》」や「衣冠《いかん》」の袍の色は「赤」ですが、これを着装した人は只人ではなく、神の化身など、異界に通じる者として物語などに登場します。

白

しら雲の
やへ立みねの
山さくら
そらにもつつく
たきつかは波
(五色和歌・白)

「白」は純粋で神聖な状態を示しますが、装束の色では若年者は濃く、年齢が上がるに従って薄くしていきますので、行き着くところは「白」になります。また、『冠位十二階』以降『養老律令』に至るまで、天皇の服色についての記述はありませんが、白であったともいわれています。

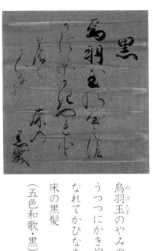

黒

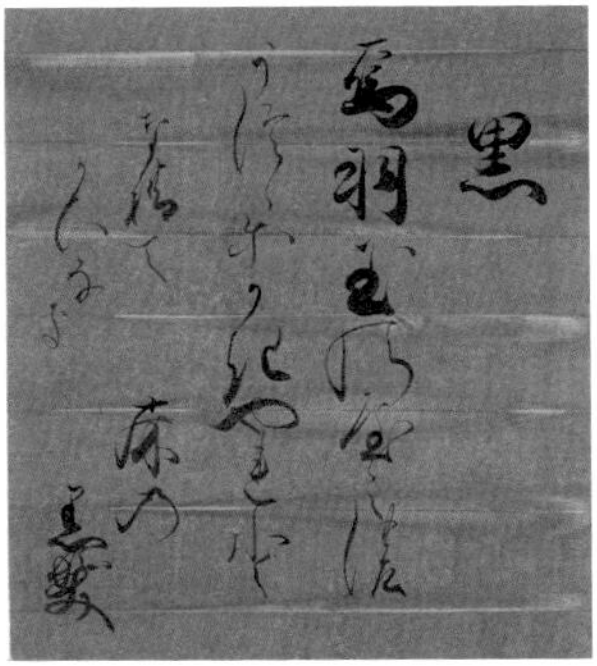

烏《ぬ》羽《は》玉《たま》のやみの
うつつにかきやれと
なれてかひなき
床の黒髪
(五色和歌・黒)

「黒」には色々の説があり「紫」とも関連しています。『冠位十二階』では「紫」は最上位に位置付けられました。その後の『冠位四十八階』での最上位は「朱華」ですが、これは親王、諸王が用い、臣下の最上位の色は「紫」でした。それに続く『飛鳥浄御原令』での改正では諸王浄位が「黒紫」、諸臣正位が「赤紫」となりました。また、『養老律令』の位袍では天皇と皇太子を除く最上位の色は「紫」で、濃いほど上位とされたため、競って濃くした結果、「黒」と区別が付かなくなり、平安時代以降、四位以上の袍の色が「黒」になりました。これを受けて染色法がより簡便な「黒」で「紫」を代用するようになったという説があります。このこともあって「五色の幕」などでは、本来は「黒」なのですが、その読み替えとして、また、黒の染料は鉄分を含み、時の経過に伴って他の色の裂《きれ》よりも生地が劣化しやすいため、「紫」が用いられるようになったともいわれています。

一方、「陰陽五行」での「紫」は「陽」である「赤」と、「陰」の「黒」を合わせた色といわれ、この二色の統合が宇宙の根源である「太極《たいきょく》」を表すので、神聖で高貴な色になると説明しています。

また、「黒」は全ての色を混ぜ合わせた色で、全てを包含する意味を持つともいわれています。

官《かん》位《い》と色

『冠位十二階』推古天皇十一年(六〇四)

等級	官位	色彩
一	大徳《だいとく》	濃紫
二	小《しょう》徳	薄紫
三	大仁《にん》	濃青
四	小仁	薄青
五	大礼《らい》	濃赤
六	小礼	薄赤
七	大信《しん》	濃黄
八	小信	薄黄
九	大義《ぎ》	濃白
十	小義	薄白
十一	大智《ち》	濃黒
十二	小智	薄黒

『冠位四十八階』天武天皇十四年(六八五)

等級	官位	色彩
一〜四	親王明位《みょうい》	朱華《はねず》
五〜十二	諸王浄位《じょうい》	朱華
十三〜二十	臣下正位《しょうい》	深《こき・ふかき》紫
二十一〜二十八	臣下直位《じきい》	浅《うすき・あさき》紫
二十九〜三十六	臣下勤位《ごんい》	深緑
三十七〜四十四	臣下務位《むい》	浅緑
四十五〜五十二	臣下追位《ついい》	深葡萄《えび》
五十三〜六十	臣下進位《しんい》	浅葡萄

『飛鳥浄御原令《あすかきよみはらりょう》』での改正、持統天皇三年（六八九）（ただし即位は翌年）

等級	官位	色彩
一～四	親王明位	朱華
五～八	諸王浄位	朱華
九～十二	諸王浄位	黒紫
十三～二十	臣下正位	赤紫
二十一～二十八	臣下直位	緋《あけ》
二十九～三十六	臣下勤位	深緑
三十七～四十四	臣下務位	浅緑
四十五～五十二	臣下追位	深縹《はなだ》
五十三～六十	臣下進位	浅縹

『養老《ようろう》律令』の位袍、天平宝字元年（七五七）

等級	官位	色彩
一～二	親王一～四品《ほん》 諸王一位 諸臣一位	深紫
三～六	諸王二～五位 諸臣二～三位	浅紫
七～十	諸臣四位	深緋
十一～十四	諸臣五位	浅緋
十五～十八	諸臣六位	深緑
十九～二十二	諸臣七位	浅緑
二十三～二十六	諸臣八位	深縹
二十七～三十	諸臣初位	浅縹
	無位	黄

摂関期（平安時代）以降

官位	色彩
一～四	黒
五	赤
六	縹

禁《きん》色《じき》

権力者が独占した色で、許可がないと使用できませんでした。また、「束帯」や「衣冠」では位階に応じて装束の色が決められる位袍がありましたので、これを逸脱することもできませんでした。その色も時代によって多少は異なりますが、天皇の袍の色である「黄櫨染《こうろぜん》」と皇太子の「黄丹《おうだん》」はどの時代でも、また、どのような場合でも使用できませんでした。

平安時代の「禁色」には「梔子《くちなし》」「赤」「青」「深紫」「深紅《ふかきくれない》」「深蘇芳《ふかきすおう》」がありました。また、室町時代には「濃赤」は「赤白橡《つるばみ》」とも称し、天皇や上皇、摂政や関白の袍の色とされたこともありました。

その後の江戸時代になっても位袍などの「禁色」は継承されました。寛永四年(一六二七)の後水尾天皇(一五九六～一六八〇、在位一六一一～一六二九)の「紫衣《しえ》事件」で有名な「紫の衣」は勅許《ちょっきょ》(天皇の許可)が必要でしたので、「禁色」でした。さらに皇族が出家して門跡《もんぜき》となった時の衣体《えたい》は「緋衣《あけ・ひのころも》」と称しますが、これも「禁色」でした。この時、袈裟は「緋紋白《ひもんばく》」で、「緋」色地に白の「菊御紋」でした。一方、鎌倉時代以降、「香《こう》」色の衣や袈裟、帷子《かたびら》などは「荒涼には着ず」とされ、選ばれた年長者の色でした。

○『装束図式』　出雲寺和泉掾、元禄五年（一六九二）
○『装束織文図会』　本間百里、文政七年（一八二四）
○『旧儀装飾十六式図譜』　猪熊浅麿、京都美術協会、明治三六年（一九〇三）
○『続群書類従　第一一輯　装束部』　年中諸公事装束要抄・野槐服飾抄・衛府官装束抄・衛府長装束抄・衛府具抄・橘以国装束抄・浅浮抄・大嘗会小忌抄・凶服部類・装束図式、塙保己一編、続群書類従完成会、昭和二年（一九二七）
○『群書類従　第八輯　装束部』　満佐須計装束抄・助無智秘抄・後照念院殿装束抄・装束抄・次将装束抄・三條家装束抄・雁衣抄・布衣記・連阿口伝抄・連阿不足口伝抄・装束雑事抄・物具装束鈔・深窓秘抄・撰塵装束抄・袷帷着用時節・法中装束抄・法躰装束抄・女官飾鈔・曇花院殿装束抄・御禊行幸服飾部類、塙保己一編、続群書類従完成会、昭和七年（一九三二）
○『公卿辞典』　坂本武雄、七丈書院、昭和一九年（一九四四）
○『有職故実』　江馬務、河原書店、昭和四〇年（一九六五）
○『読史備要』　東京大学史料編纂所編、講談社、昭和四一年（一九六六）

○『日本の美術　第二六号　服飾』　日野西資孝、至文堂、昭和四三年（一九六八）
○『日本服飾史辞典』　河鰭実英編、東京堂出版、昭和四四年（一九六九）
○『有職故実図鑑』　河鰭実英編、東京堂出版、昭和四六年（一九七一）
○『春秋左氏伝』　明治書院、昭和四六年（一九七一）
○『十二単の世界』　江馬務・河鰭実英、講談社、昭和五一年（一九七六）
○『宮廷衣裳』　久保房子編著、毎日新聞社、昭和五二年（一九七七）
○『幕末の宮廷』　下橋敬長述、羽倉敬尚注釈、東洋文庫、平凡社、昭和五四年（一九七九）
○『高倉家調進控　装束織文集成』　國學院大學神道資料展示室編、昭和五八年（一九八三）
○『改訂　史籍集覧　編外一　西宮記』　近藤瓶城、臨川書店、昭和五九年（一九八四）
○『雅楽のデザイン　王朝装束の美意識』　多忠麿編、小学館、平成二年（一九九〇）
○『日本の美術　第三三九号　公家の服飾』　河上繁樹、至文堂、平成六年（一九九四）
○『有職故実大辞典』　鈴木敬三編、吉川弘文館、平成八年（一九九六）
○『素晴らしい装束の世界』　八條忠基、誠文堂新光社、平成一七年（二〇〇五）
○『日本の美術　第五〇九号　有職文様』　猪熊兼樹、至文堂、平成二〇年（二〇〇八）
○『神宮御神宝図録』　神宮徴古館農業館、平成二〇年（二〇〇八）
○『御所の器』　池修、光村推古書院、平成二四年（二〇一二）

あとがき

池　修

正倉院以前、ものによっては大陸にまで起源を辿ることができる「有職の文様」ですが、平安時代以降は日本人の好みに従って変化しました。時代の流れの中で忘れ去られた文様もありますが、室町時代以降は基本的な形態はあまり変わることなく現在に伝えられています。これらの文様は権威の中枢で継承されましたが、一部を除き、織物に金糸が用いられることはなく、色を重要視するかつての日本人の意識が表れています。一方でその色遣いは独特で存在感があります。これらの文様は宗教関係や武家、さらには一般にまで広がり、いくつかは私達の生活に溶け込みました。「有職の文様」を見る時、かつての日本人が「美しく貴い」と感じた感性の一端に触れることができます。そして多岐にわたるこれらの文様が、どのように分類されるべきかではなく、どのように用いられてきたのかを知ることが大切であることを教えてくれるのです。

私達の先祖は「有職の文様」を単に伝えるだけではなく、その時々の自分達の周囲のものに、それらを組み合わせて、あるいは分解して用いました。「有職の文様」を理解しているからこその感性の発露は「有職の文様」の価値をさらに高めることになりました。一見、固定化し、変化がないように見える「有職の文様」の楽しみ方を知っていたのです。

「有職の文様」はその大きさや数だけではなく、何に用いられたかも重要です。また、使用目的によっては色も異なります。「有職」では、そのような約束事が系統的に結びついていますので、文様の形態を知るだけでは十分ではありません。「有職の文様」が用いられた世界を理解することが望まれるのです。そこにはかつての日本人の拘《こだわ》りがあります。そして、それによって日本古来の精神を感じることができるのです。

最後になりましたが、挿絵を描いて下さった　よしのぶもとこ氏、ニューカラー写真印刷の山本哲弘氏、宇野健一氏、光村推古書院の合田有作氏のお世話になりました。また、フランス語訳は Jean-Jacques TRUCHOT 氏の御好意によりました。皆様に御礼申し上げます。そして妻に感謝します。

も

裳(も):20, 21, 38, 89, 142

萌黄(もえき):44, 45, 73, 85, 110, 122, 124, 138, 148, 150, 153, 161, 164, 169, 173, 177, 178, 183, 193, 194, 204, 207, 227, 230, 237, 251, 266

捩(もじり):82, 85

物の具(もののぐ):20

桃色(ももいろ):77

門跡(もんぜき):18, 34, 296

門流(もんりゅう):274, 275, 278, 279

や

八藤(やつふじ):47, 82, 83, 84, 85, 86, 88, 92, 93, 133, 134, 136, 137, 155, 167, 177, 204, 242, 253

柳(やなぎ):19, 254

破(やぶれ)→やれ

山藍(やまあい):19

山科家(やましなけ):27, 122, 181, 276, 278, 280, 281

山鳩色(やまはといろ):44

破(やれ):31, 70, 75, 209, 229, 231, 232, 236, 237, 241, 257

ゆ

有職(ゆうそく):4, 5, 10, 18, 28, 32, 33, 34, 54, 68, 90, 102, 134, 238, 273, 274, 275, 280, 284, 300, 301

よ

陽明家八藤(ようめいけはっとう):82, 84

『養老律令』(『ようろうりつりょう』):4, 285, 287, 288, 290, 291, 292, 295

緯糸(よこいと)→ぬきいと

横菱(よこひし):47, 110, 111, 112, 113, 114, 248

四菱(よつびし):110, 142, 200

り

龍(りゅう):34, 35, 148, 180, 243, 283, 287

綸子(りんず):29, 103, 134, 141, 157, 176, 180, 219, 254

龍胆(りんどう):19, 88, 89, 93, 94, 95, 149, 182, 184

龍胆襷(りんどうたすき):149

龍胆立涌(りんどうたてわく):182

れ

霊元天皇(れいげんてんのう):46

連続文様(れんぞくもんよう):30, 32, 70, 146, 200, 209, 224, 229, 230, 237, 238

ろ

絽(ろ):17, 28, 30, 42, 77, 133, 233

老年(ろうねん):110, 111, 114, 158, 159

六枚綾(ろくまいあや):24

六花形(ろっかけい):46, 89, 189

わ

輪(わ):69, 88, 108, 109, 224, 225, 226, 227

輪無唐草(わなしからくさ):24, 27, 140, 200, 201, 202, 203, 204, 205, 206

童装束(わらわしょうぞく):78

童直衣(わらわのうし):14, 208

ほ

布衣(ほい):15

袍(ほう)→うえのきぬ

縫腋袍(ほうえきのほう):10, 11, 12

鳳凰(ほうおう):20, 25, 29, 33, 34, 36, 37, 38, 39, 40, 41, 42, 43, 99, 107, 131, 134, 137, 138, 147, 148, 166, 173, 186, 187, 188, 195, 220, 221, 227, 230, 231, 232, 234, 235, 241, 242, 244, 255

鳳凰立涌(ほうおうたてわく):187

布袴(ほうこ):12

宝相華(ほうそうげ):262, 267

牡丹(ぼたん):28, 29, 44, 71, 72, 99, 104, 130, 176, 179, 188, 197, 205, 222, 230, 234, 235, 245, 246, 251, 255, 270, 271, 272

牡丹唐草(ぼたんからくさ):29, 44, 197, 222

牡丹立涌(ぼたんたてわく):179

布羅(ほら):28

ま

舞人(まいびと):19, 33, 60, 62

籬菊(まがきのきく):76

又木形(またきかた):87

松(まつ):19, 22, 23, 28, 48, 49, 57, 76, 103, 106, 118, 130, 131, 132, 133, 134, 135, 174, 175, 257

松皮菱(まつかわひし):28, 130, 131, 132, 133

松喰鶴(まつくいつる):48, 49

松立涌(まつたてわく):174

鞠水干(まりすいかん):17, 18, 28, 77

丸文(まるもん):26, 30, 34, 35, 38, 40, 41, 47, 54, 55, 58, 59, 68, 69, 73, 77, 78, 82, 99, 102, 103, 104, 105, 106, 107, 130, 136, 147, 148, 155, 157, 164, 173, 178, 180, 185, 186, 188, 205, 219, 220, 225, 227, 230, 231, 232, 234, 236, 243, 244

み

三重襷(みえたすき):13, 14, 69, 86, 105, 142, 143, 144, 145

御簾帽額(みすもこう):88, 90

三巴(みつともえ):59, 155

三葉葵紋(みつばあおいもん):198, 199

源有仁(みなもとのありひと):280

源高明(みなもとのたかあきら):4, 285

三振(みもじり):82

海松(みる):26, 73, 102, 135, 156, 174, 262

海松色(みるいろ):135, 156, 174, 262

む

向鸚鵡丸(むかいおうむのまる):47, 136, 157, 178

向蝶丸(むかいちょうのまる):68, 69

向鶴丸(むかいつるのまる):54, 55, 231

向鶴菱(むかいつるひし):56, 57

向鳥丸(むかいとりのまる):58, 59, 164, 205

向鳳凰丸(むかいほうおうのまる):41, 99, 147, 148, 173, 186, 188, 220, 230, 231, 232, 234

紫(むらさき):12, 14, 24, 25, 26, 28, 34, 38, 40, 42, 44, 47, 55, 58, 59, 63, 66, 68, 69, 71, 74, 78, 82, 84, 85, 87, 88, 92, 97, 103, 115, 136, 140, 141, 146, 147, 148, 149, 150, 158, 161, 162, 164, 167, 169, 171, 173, 186, 187, 188, 190, 205, 207, 211, 212, 213, 216, 217, 218, 219, 227, 231, 244, 246, 251, 259, 261, 263, 264, 265, 266, 289, 292, 293, 294, 295, 296

紫草(むらさきくさ):44

花菱（はなびし）:31, 70, 71, 73, 74, 75, 76, 82, 92, 93, 94, 100, 108, 109, 118, 119, 120, 121, 131, 145, 146, 153, 200, 224, 246, 262, 264, 265, 268

花輪違（はなわちがい）:69, 224, 225, 226, 227

羽二重（はぶたえ）:26, 60, 66, 90, 244

春草（はるくさ）:223

晴（はれ）:20, 21

蛮絵（ばんえ）:19

半臂（はんぴ）:11, 78, 142, 208

ひ

緋（ひ）→あけ

檜扇（ひおうぎ）:11, 13, 62, 64, 65, 280

檜垣（ひがき）→網代（あじろ）

引腰（ひきこし）:21, 88

菱（ひし）:43, 82, 110, 122, 142, 146, 147, 148, 265, 280

菱文（ひしもん）:28, 29, 31, 40, 41, 47, 56, 57, 70, 71, 73, 74, 75, 76, 81, 82, 92, 93, 94, 100, 105, 108, 109, 110, 111, 112, 113, 114, 115, 116, 118, 119, 120, 121, 122, 123, 124, 125, 126, 127, 128, 129, 130, 131, 132, 133, 134, 135, 136, 137, 138, 139, 140, 141, 145, 146, 153, 157, 200, 224, 227, 246, 248, 262, 264, 265, 268, 280, 281

直垂（ひたたれ）:17, 18

単（ひとえ）:11, 12, 13, 14, 15, 20, 21, 110, 118, 122, 208

単袴（ひとえはかま）:20, 21

一菱（ひとつびし）:110

日野家（ひのけ）:82, 84, 200, 277, 278

白虎（びゃっこ）:34, 283

比翼文（ひよくもん）:31, 209

平織（ひらおり）:24, 27

広幡家（ひろはたけ）:199, 246, 274, 276, 279

ふ

舞楽（ぶがく）:18, 28, 33, 62, 224, 237

武官（ぶかん）:11, 12

藤（ふじ）:34, 73, 82, 101, 105, 113, 131, 140, 148, 157, 167, 170, 171, 172, 173, 230

藤襷（ふじたすき）:148

藤立涌（ふじたてわく）:34, 101, 170, 171, 172, 173

藤巴（藤鞆絵/藤丸）（ふじのともえ・ふじのまる）:101, 167

伏見宮（ふしみのみや）:89, 96

藤原時平（ふじわらのときひら）:5, 285

臥蝶（ふせちょう）:13, 14, 78, 79, 80, 81, 139, 156, 180, 184, 188

臥蝶（ふせんちょう）→ふせちょう

浮線綾（ふせんりょう）:78

二藍（ふたあい）:13, 14, 142, 143, 158, 208, 210

二陪織（ふたえおり）:12, 14, 20, 21, 25, 29, 38, 40, 43, 55, 68, 69, 70, 71, 78, 80, 85, 95, 103, 162, 173, 178, 221, 246

二捩（ふたもじり）:82, 85

仏教（ぶっきょう）:18, 34, 262, 283

仏法（ぶっぽう）:34

葡萄色（ぶどういろ）→えびいろ

冬（ふゆ）:11, 12, 13, 14, 20, 29, 78, 89, 110, 174, 200, 208

文官（ぶんかん）:11, 12

分銅繋（ふんどうつなぎ）:68, 230, 231

へ

紅（べに）→くれない

紅花（べにはな）:46

鳥蝶(とりちょう):62, 63, 66, 67, 245

緞子(どんす):29, 54, 73, 118, 132, 135, 175, 179, 192, 197, 222, 227, 250, 263, 266

な

中院家(なかのいんけ):182, 200, 274, 276, 279

中陪(なかべ):21

納言(なごん):15, 16, 89, 90, 158

夏(なつ):11, 12, 13, 14, 17, 20, 29, 78, 110, 142, 158, 200, 208, 281

撫子(なでしこ):105, 150, 151, 183, 246, 252, 253, 257

撫子襷(なでしこたすき):150, 151

撫子立涌(なでしこたてわく):183

波(なみ):22, 23, 102, 104, 168, 237

波立涌(なみたてわく):168

業平菱(なりひらひし):29, 134, 141

に

新嘗祭(にいなめさい):18

錦(にしき):11, 28, 30, 47, 53, 63, 66, 71, 78, 105, 108, 109, 116, 117, 138, 148, 150, 169, 173, 175, 177, 183, 189, 211, 227, 230, 238, 239, 244, 260, 266, 267, 269, 270, 271, 272

二條(家)(にじょう・け):87, 88, 89, 233, 274, 276, 278

女房装束(にょうぼうしょうぞく):20, 38, 62, 70, 78, 82, 88, 110, 122, 142, 208

庭田家(にわたけ):82, 85, 276, 279

任槐(にんかい):14, 15, 70, 89, 101, 192, 198, 200

ぬ

縫取織(ぬいとりおり):25, 27, 47, 53, 54, 58, 74, 78, 80, 82, 103, 104, 105, 126, 136, 140, 204, 205, 219, 248, 253

緯糸(ぬきいと):12, 24, 25, 26, 27, 28, 29, 44, 82, 158

ね

根引松(ねひきまつ):76, 103, 106, 175, 257

練糸(ねりいと):26

練絹(ねりきぬ):20, 26

年少(ねんしょう):11

年長(ねんちょう):110, 118, 297

の

直衣(のうし):13, 14, 78, 110, 142, 208

は

梅花(ばいか)→梅(うめ)

袴(はかま):10, 11, 12, 13, 14, 15, 16, 17, 19, 20, 21, 22, 60, 82, 88

萩(はぎ):107

筥形文(はこかたもん):36, 37

櫨(はぜ):36

はだか姿(はだかすがた):20

八葉(はちよう):89, 96, 97, 189

八稜(はちりょう):38, 42

八藤(はっとう)→やつふじ

花(はな):80, 122, 132, 137, 150, 169, 183, 208, 219, 222, 229, 232, 233, 235, 236, 244, 258, 259, 260, 261, 262

花喰鳳凰(はなくいほうおう):235

縹(はなだ):12, 13, 41, 52, 53, 56, 82, 84, 88, 142, 158, 211, 261, 263, 287, 288, 290, 295

畳の縁(たたみのへり):102, 116, 152, 224

経青緯黄(たてあおぬきき):44, 82

経糸(たていと):12, 24, 25, 26, 27, 28, 29, 44, 82, 158

立幸菱(たてさいわいひし):122, 128, 129

立花菱(たてはなひし):14, 118, 120, 121

立菱(たてひし):14, 110, 114, 118, 120, 121

経紫緯白(たてむらさきぬきしろ):12, 82, 158

立涌(たてわく):14, 34, 35, 38, 40, 43, 48, 59, 66, 74, 80, 85, 89, 101, 135, 154, 155, 156, 157, 158, 159, 160, 161, 162, 163, 164, 165, 166, 167, 168, 169, 170, 171, 172, 173, 174, 175, 176, 177, 178, 179, 180, 181, 182, 183, 184, 185, 186, 187, 219, 251

俵菱(たわらひし):140

ち

地文(ぢもん):17, 25, 33, 48, 70, 89, 90, 130, 154, 229, 230, 232, 233, 234, 237, 238

蝶(ちょう):32, 33, 62, 63, 66, 67, 68, 69, 78, 88, 91, 92, 132, 245

丁字(ちょうじ):35, 88, 91, 92, 180, 198, 199

丁字唐草(ちょうじからくさ):198, 199

丁字立涌(ちょうじたてわく):35, 180

調度(ちょうど):4, 33, 48, 62, 78, 170, 242, 244, 246, 273

蝶鳥(ちょうとり)→鳥蝶(とりちょう)

勅許(ちょっきょ):11, 13, 14, 296

散花(ちらしはな):258, 260

つ

対(つい):16, 33, 62, 158

続文(つづきもん):17, 30, 31, 33, 70, 154, 209

躑躅立涌(つつじたてわく):184, 185, 186

繋(つなぎ):68, 69, 146, 224, 225, 227, 228, 229, 230, 231

椿(つばき):22, 23, 257

鶴(つる):19, 33, 48, 49, 50, 51, 52, 53, 54, 55, 56, 57, 75, 106, 118, 134, 139, 144, 147, 175, 231, 242, 243, 255

橡(つるばみ):12, 44, 200, 296

て

定家立涌(ていかたてわく):181

鉄線(てっせん):103, 157

殿上人(てんじょうびと):11

天皇(てんのう):5, 10, 11, 12, 14, 15, 18, 22, 32, 33, 34, 36, 44, 88, 110, 114, 116, 142, 158, 196, 208, 209, 274, 285, 291, 292, 296

と

動物(どうぶつ):32, 33

遠菱(とおひし):110, 111, 114, 120, 121

遠文(とおもん):70, 118

徳川将軍家(とくがわしょうぐんけ):182, 187, 198, 199

徳大寺家(とくだいじけ):88, 89, 206, 274, 276, 279, 280

宿直装束(とのいしょうぞく):12

鳥羽天皇(とばてんのう):280

飛文(とびもん):17, 30, 31, 33, 70, 108, 200, 209

鳥(とり):19, 32, 33, 36, 44, 45, 58, 59, 62, 63, 66, 67, 88, 146, 155, 164, 205, 237, 245

鳥襷(とりたすき):32, 146

神事（しんじ）:19
神社（じんじゃ）:290
神道（しんとう）:18, 283
親王（しんのう）:14, 33, 48, 78, 158, 159, 208, 289, 290, 292, 294, 295
親王菊紋（しんのうきくもん）:51, 243

す

瑞雲（ずいうん）:48, 242
水干（すいかん）:16, 17, 18
瑞獣（瑞鳥）（ずいじゅう・ずいちょう）:36
蘇芳（すおう）:20, 36, 47, 55, 57, 59, 68, 69, 95, 110, 123, 155, 208, 226, 258, 259, 296
透文紗（すきもんしゃ）:26, 27
朱雀（すざく）:34, 283
生絹（すずし）:14, 20, 26
雀形（すずめかた）:146
摺（すり）:17, 19, 42, 60, 66, 90, 146, 199, 237, 244, 254, 261

せ

青海波（せいがいは）:22, 23, 237
清華家（せいがけ）:14, 16, 70, 88, 198, 274, 276
精好（せいごう）:20, 26
青龍（せいりゅう）:34, 283
清涼殿（せいりょうでん）:88, 224
精練（せいれん）:24, 26, 27, 28, 29
摂関家（摂家）（せっかんけ・せっけ）:14, 16, 70, 82, 87, 89, 110, 114, 118, 146, 158, 159, 182, 198, 274, 275, 276
摂政（せっしょう）:14, 33, 48, 70, 78, 102, 158, 274 296
千剣菱（せんけんひし）→幸菱（さいわいひし）
仙洞菊紋（せんとうきくもん）:31, 69

そ

双魚（そうぎょ）:77
壮年（そうねん）:12, 82, 110, 111, 114, 149, 158
即位（そくい）:18, 22, 34, 36
束帯（そくたい）:10, 12, 18, 33, 78, 82, 88, 110, 290, 296
傍続（そばつづき）:14
染（そめ）:11, 12, 13, 29, 36, 37, 44, 46, 82, 88, 133, 142, 196, 288, 289, 290, 292, 293, 296

た

醍醐天皇（だいごてんのう）:4, 285
大嘗祭（だいじょうさい）:18
大臣（だいじん）:14, 62, 70, 82, 89, 101, 102, 192, 198, 200, 274, 276, 285
大臣家（だいじんけ）:82, 198, 274, 276
橙（だいだい）:43, 162, 199, 259, 262
『大宝律令』（『たいほうりつりょう』）:287
大文（だいもん）:12, 82
大紋（だいもん）:102, 109
高倉家（たかくらけ）:27, 122, 277, 278, 280, 281
鷹司（家）（たかつかさ・け）:176, 182, 198, 199, 274, 276, 279
宝尽（たからつくし）:29, 49, 197
竹（たけ）:19, 20, 36, 37, 38, 57, 60, 61, 89, 98, 103, 118, 130, 135, 175, 196, 234
竹立涌（たけたてわく）:135, 175
襷（たすき）:13, 14, 32, 69, 86, 105, 119, 142, 143, 144, 145, 146, 147, 148, 149, 150, 151, 152, 153

嵯峨天皇(さがてんのう):36

先染(さきぞめ):29

桜(さくら):43, 119, 132, 178, 254, 255, 256, 258, 259

桜立涌(さくらたてわく):178

指袴(さしこ):82, 88

指貫(さしぬき):12, 13, 14, 15, 17, 48, 78, 82, 87, 88, 89, 114, 146, 149, 158

雑袍(ざっぽう):13, 14

佐野川市松(さのがわいちまつ):90

左方舞(さほうのまい):33, 62

三條家(さんじょうけ):70, 82, 200, 274, 276, 279

三條西家(さんじょうにしけ):70, 198, 199, 274, 276, 279

参内(さんだい):12, 14, 15, 275

三枚綾(さんまいあや):24, 28

し

寺院(じいん):18, 34, 288

塩瀬(塩瀬羽二重)(しおせ・しおぜはぶたえ):26, 199

繁菱(しげひし):47, 110, 111, 112, 120, 248

紫宸殿(ししいでん):88

寺社(じしゃ):4, 290

刺繍(ししゅう):17, 25, 40, 41, 68, 88, 218, 219, 237, 242, 248, 252, 253, 254

下襲(したかさね):11, 12, 70, 78, 110, 208

七宝繋(しっぽうつなぎ):69, 224, 227, 228

襪(しとうず):11, 13

四方繋(しほうつなぎ):224

紗(しゃ):17, 18, 20, 26, 27, 29, 34, 35, 37, 38, 40, 42, 49, 53, 54, 57, 58, 59, 73, 74, 79, 80, 83, 84, 88, 101, 102, 103, 104, 118, 120, 143, 145, 152, 155, 157, 160, 161, 165, 167, 171, 172, 178, 179, 180, 202, 203, 204, 205, 210, 216, 218, 219, 237, 242, 253, 265, 281

若年(じゃくねん):12, 13, 16, 20, 110, 111, 112, 142, 146, 291

朱(しゅ):29, 141, 240, 289, 290, 292, 294, 295

蹴鞠(しゅうきく):15, 17, 18

宿徳(しゅうとく):12, 82, 110

十二単(じゅうにひとえ):20, 68, 280

宿老(しゅくろう):160

繻子織(しゅすおり):29

棕櫚(しゅろ):19

上皇(じょうこう):14, 15, 89, 97, 98, 116, 118, 142, 146, 158, 189, 208, 296

正倉院(しょうそういん):88, 116, 300

装束(しょうぞく):4, 5, 10, 12, 18, 19, 20, 22, 27, 28, 29, 33, 38, 62, 68, 70, 78, 82, 89, 110, 122, 142, 170, 208, 209, 224, 237, 242, 273, 280, 281, 285, 289, 290, 291, 296

聖徳太子(しょうとくたいし):4, 285, 287

上臈(じょうろう):20

諸家(しょけ):110, 111, 112, 200, 201, 206

蜀江(しょっこう):238, 239, 240, 241, 257, 268

白(しろ):12, 13, 14, 19, 21, 25, 26, 27, 30, 38, 42, 44, 47, 49, 52, 53, 54, 55, 56, 57, 58, 60, 62, 63, 66, 68, 69, 71, 74, 78, 79, 80, 82, 83, 84, 85, 87, 88, 91, 92, 93, 95, 102, 103, 104, 105, 110, 112, 115, 118, 122, 126, 133, 136, 138, 140, 142, 143, 146, 149, 150, 153, 157, 158, 159, 160, 162, 174, 176, 178, 180, 183, 189, 191, 195, 196, 204, 205, 208, 209, 213, 216, 218, 219, 220, 221, 225, 229, 230, 232, 233, 238, 239, 244, 248, 249, 251, 252, 253, 254, 258, 260, 261, 264, 265, 266, 268, 283, 286, 290, 291, 294, 296, 297

臣下(しんか):5, 10, 62, 285, 292, 294, 295

黒(くろ):11, 12, 19, 24, 27, 48, 63, 70, 79, 88, 89, 90, 94, 95, 96, 110, 113, 114, 115, 142, 158, 159, 181, 182, 184, 198, 199, 200, 201, 202, 206, 208, 221, 223, 241, 246, 250, 283, 286, 290, 292, 293, 294, 295

け

褻(け):21

闕腋袍(けってきのほう):10, 11

蹴鞠(けまり)→しゅうきく

玄武(げんぶ):34, 283

元服(げんぷく):11, 14, 78, 146, 158, 274, 275

顕文紗(顕文紗文穀)(けんもんしゃ・けんもんしゃもんこめ):26, 27, 281

こ

小葵(こあおい):14, 25, 30, 38, 39, 40, 47, 103, 171, 208, 209, 210, 211, 212, 213, 214, 215, 216, 217, 218, 219, 220, 221, 222, 223, 250, 252, 266

香(こう):30, 35, 49, 57, 72, 78, 154, 171, 172, 218, 242, 297

光格天皇(こうかくてんのう):36

光格天皇菊紋(こうかくてんのうきくもん):50, 99, 144, 166, 241, 256, 258

皇后(こうごう):33, 47

皇族(こうぞく):5, 14, 18, 33, 34, 38, 116, 118, 296

皇太子(こうたいし):12, 14, 15, 33, 46, 89, 114, 158, 208, 209, 292, 296

小袿(こうちぎ):21, 68, 70, 78

高麗縁(こうらいへり):102, 109, 152

高齢者(こうれいしゃ):12, 13, 82, 142

黄櫨染(こうろぜん):11, 36, 37, 44, 88, 196, 296

黄櫨染袍(こうろぜんのほう):11, 36, 44, 88, 196

久我家(こがけ):149, 182, 274, 275, 276, 279

濃(こき):20, 110, 112, 208, 212, 215, 217, 260

極老(ごくろう):12, 13, 82, 110

極臈(ごくろう):44

九重菊紋(ここのえきくもん):51, 75, 81, 97, 126, 191, 231

後西天皇(ごさいてんのう):36

五色(ごしき):286, 287, 288, 289, 291, 292, 293

小袖(こそで):11, 13, 15, 20

胡蝶(こちょう):33, 62

梧桐(ごとう):36, 38

小直衣(このうし):14, 15, 182, 187

近衛家(陽明家)(このえけ・ようめいけ):82, 89, 118, 140, 158, 159, 182, 184, 274, 276, 278

胡粉(ごふん):19, 62

穀織(こめおり):12, 13, 14, 27, 29, 110, 142, 200, 208, 281

小紋(こもん):152

後陽成院(ごようぜいいん):96, 97

紺(こん):180, 188, 228, 230, 233, 234

さ

西園寺家(さいおんじけ):198, 206, 274, 276, 278

『西宮記』(『さいきゅうき』):4, 285

『西宮記』(『さいぐうき』)→さいきゅうき

斎服(さいふく):62

幸菱(先合〈間〉菱・千剣菱)(さいわいひし・さきあいひし・せんけんひし):41, 122, 123, 124, 125, 126, 127, 128, 129, 157, 280, 281

241, 245, 247, 251, 255, 256, 257, 268, 297

麹塵(きくじん):37, 44, 45, 82, 84, 89, 102, 135, 157, 175, 179, 186, 197, 226, 250, 263

麹塵袍(きくじんのほう):44

菊立涌(きくたてわく):169

菊紋(きくもん):89, 189, 204, 227

雉(きじ):19, 33, 60, 61

亀甲(きっこう):14, 31, 33, 48, 55, 68, 70, 71, 72, 73, 74, 75, 76, 78, 80, 95, 102, 225, 246, 257, 268

亀甲花菱(きっこうはなひし):31, 70, 71, 73, 74, 75, 76, 246, 268

衣(きぬ):11, 13, 14, 20, 21

絹(きぬ):15, 19

衣袴(きぬはかま):20

宮中(きゅうちゅう):4, 12, 34, 273

裾(きょ):10, 12, 14, 78, 110, 114

極老(きょくろう)→ごくろう

極臈(きょくろう)→ごくろう

魚帯(ぎょたい):11, 77

雲母(きら):146

桐(きり):19, 20, 29, 31, 36, 37, 38, 41, 60, 61, 89, 98, 134, 172, 190, 192, 193, 194, 195, 196, 253

桐唐草(きりからくさ):41, 192, 193, 194, 195

桐竹唐草(きりたけからくさ):196

桐竹鳳凰(きりたけほうおう):20, 38

桐竹鳳凰麒麟(きりたけほうおうきりん):36, 37

切袴(きりはかま):82, 88

桐紋(きりもん):31, 172, 190

麒麟(きりん):33, 36, 37

金(きん):17, 18, 28, 30, 38, 40, 42, 62, 68, 77, 99, 126, 132, 147, 148, 151, 188, 194, 199, 218, 219, 221, 230, 231, 232, 234, 238

金糸(きんし):17, 18, 28, 238, 300

禁色(きんじき):5, 15, 20, 296, 297

金襴(きんらん):18, 40, 49, 56, 57, 72, 74, 80, 99, 101, 102, 104, 132, 134, 141, 147, 148, 151, 154, 162, 167, 170, 171, 180, 191, 194, 195, 204, 207, 220, 228, 229, 230, 231, 232, 233, 235, 236, 237, 238, 240, 241, 247, 251, 268

銀襴(ぎんらん):249

く

公卿(くぎょう):11, 14, 62, 78, 88, 142, 146

公家(くげ):4, 5, 13, 15, 16, 18, 27, 34, 78, 152, 273, 274, 275, 280, 290

九條(家)(くじょう・け):88, 89, 114, 115, 223, 274, 276, 278

梔子(くちなし):46, 296

朽木雲/朽木形(くつきくも/くつきかた):244, 245

朽葉(くつは):43, 49, 103, 105, 133, 168, 177, 180, 191, 219, 237, 244, 247, 254, 265

轡唐草(くつわからくさ):47, 206, 207

雲(くも):14, 35, 38, 40, 43, 48, 49, 51, 52, 53, 54, 55, 59, 74, 81, 85, 88, 89, 101, 105, 106, 132, 134, 138, 139, 147, 158, 159, 160, 161, 162, 163, 164, 165, 166, 167, 173, 219, 231, 242, 243, 244, 245, 251

雲襷(くもたすき):147

雲立涌(立涌雲)(くもたてわく・たてわくくも):14, 38, 40, 43, 48, 59, 74, 85, 89, 101, 158, 159, 160, 161, 162, 163, 164, 165, 166, 167, 219, 251

九曜(くよう):89, 189

紅(くれない):13, 14, 20, 22, 27, 38, 40, 41, 47, 54, 56, 73, 80, 85, 103, 105, 110, 111, 120, 121, 122, 123, 125, 127, 129, 138, 142, 145, 147, 150, 156, 177, 178, 189, 191, 192, 195, 221, 225, 227, 228, 230, 232, 235, 236, 239, 240, 248, 249, 258, 260, 296

か

窠(か):14, 21, 32, 46, 78, 82, 88, 89, 90, 91, 92, 93, 94, 95, 96, 97, 98, 100, 108, 158, 189, 242, 266

海賦文様(かいふもんよう):20

楓(かえで):104

家格(かかく):14, 274, 276

加冠(かかん):11, 12, 14, 78, 146, 158, 274

掛衣(かけきぬ):22, 237

籠目(かごめ):234, 235, 236

襲(重)色目(かさねのいろめ):5, 15, 21

堅(固)地綾(かたぢあや):12, 13, 14, 24, 78, 82, 88, 110, 158, 200, 208

窠中鴛鴦(かちゅうえんのう):46, 88

窠中唐草(かちゅうからくさ):89, 158

窠中竹桐(かちゅうたけきり):89, 98

窠中八葉菊(かちゅうはちようのきく):89, 96, 97, 189

窠中八藤(かちゅうやつふじ・はっとう):88

窠中龍胆(かちゅうりんどう):88, 89

被衣(かづき):28

窠霰(かにあられ):14, 21, 32, 82, 88, 90, 91, 92, 93, 100

蟹牡丹(かにぼたん):28, 270, 271, 272

靴(かのくつ):10, 11, 270

亀(かめ):33, 34

唐織(からおり):28, 41, 130, 155, 188, 193, 234, 239, 240, 243

唐衣(からきぬ):20, 68, 70, 78, 82, 110, 208

唐衣裳(からきぬも):20

唐草(からくさ):24, 27, 29, 30, 31, 38, 41, 44, 45, 47, 54, 56, 57, 88, 89, 94, 95, 96, 97, 100, 104, 119, 140, 152, 158, 188, 189, 190, 191, 192, 193, 194, 195, 196, 197, 198, 199, 200, 201, 202, 203, 204, 205, 206, 207, 222, 227, 263, 265, 266, 267, 269

唐花(からはな):78, 88, 89, 91, 153, 185, 186, 225, 227, 228, 237, 261, 262, 263, 264, 265, 266, 267, 268, 269

唐菱(からひし):114, 115

狩衣(かりきぬ):15, 16, 110

苅安(かりやす):44, 288

迦陵頻(かりょうびん):33, 62

『冠位十二階』(『かんいじゅうにかい』):4, 285, 287, 289, 291, 292, 294

甘御衣(かんのおんぞ):14

関白(かんぱく):14, 48, 70, 78, 89, 102, 158, 274, 296

冠(かんむり):10, 11, 12, 14, 113, 140, 146, 158, 274

冠直衣(かんむりのうし):14

き

黄(き):29, 37, 44, 45, 47, 71, 82, 84, 88, 89, 90, 102, 108, 110, 112, 121, 126, 132, 173, 175, 189, 192, 211, 219, 222, 224, 225, 226, 242, 244, 260, 264, 266, 283, 286, 288, 289, 294, 295

生糸(きいと):24, 26, 27, 28, 29

生浮織(きうきおり):14, 158

菊(きく):16, 17, 19, 26, 27, 38, 45, 76, 86, 89, 96, 97, 99, 107, 132, 137, 152, 154, 162, 169, 183, 189, 190, 191, 192, 204, 220, 222, 223, 227, 232, 246, 247, 248, 249, 250, 254, 255, 258, 259

菊唐草(きくからくさ):38, 45, 89, 96, 97, 152, 189, 190, 191

菊御紋(きくごもん):31, 39, 50, 67, 71, 72, 75, 76, 81, 86, 97, 100, 106, 107, 119, 130, 131, 133, 134, 137, 139, 144, 145, 148, 150, 162, 165, 166, 172, 180, 189, 190, 191, 194, 195, 218, 222, 227, 229, 231, 232, 233, 237, 239,

う

袍(うえのきぬ):4, 10, 11, 12, 13, 14, 18, 19, 33, 36, 44, 46, 48, 60, 70, 78, 88, 89, 101, 158, 181, 182, 189, 192, 196, 198, 200, 206, 208, 237, 285, 287, 288, 290, 292, 295, 296

表袴(うえのはかま):10, 11, 12, 82, 88

浮織(うきおり):12, 14, 20, 21, 25, 41, 52, 56, 57, 78, 82, 88, 91, 92, 93, 105, 122, 123, 126, 133, 138, 146, 158, 161, 177, 208, 214, 215, 216, 220, 225, 226

繧繝(うげん):116, 117

薄色(うすいろ):59, 73, 102, 164, 187, 204, 259

袿(うちき):20, 21

打衣(うちぎ):11, 20

采女装束(うねめしょうぞく):22, 237

右方舞(うほうのまい):33, 62

梅(うめ):57, 104, 105, 106, 118, 130, 138, 165, 176, 177, 229, 233, 249, 252, 254, 256, 258, 259

梅立涌(うめたてわく):176, 177

有文(うもん):15

瓜(うり):88

羽林家(うりんけ):27, 82, 181, 274, 276

表着(うわぎ):20, 208

上文(うわもん):17

雲鶴(うんかく):48, 49, 51, 52, 53, 54, 55, 243

雲繝(うんけん)→うげん

え

絵衣(えきぬ):22

枝喰鶴(えだくいつる):48, 49

枝喰鳳凰(えだくいほうおう):188, 232, 234

葡萄(色)(えび・いろ):265, 294

烏帽子(えぼし):13, 15, 16, 17

衣紋(えもん):27, 122, 280

鴛鴦(えんおう)→えんのう

鴛鴦(えんのう):33, 46, 58, 89

お

追回文(おいまわしもん):47, 77

桜花(おうか)→桜(さくら)

黄丹(おうだん):46, 89, 296

黄丹(おうに)→おうだん

応仁・文明の乱(おうにん・ぶんめいのらん」: 18, 46, 273

鸚鵡(おうむ):33, 47, 136, 157, 178

大炊御門家(おおいのみかどけ):70, 200, 274, 276, 278, 280

大亀甲(おおきっこう):70

正親町三条家(おおぎまちさんじょうけ):70, 82, 274, 276, 278

大雲立涌(おおくもたてわく):89, 158

大腰(おおこし):21, 89

大輪無(おおわなし):200

鴛鴦(おしどり)→えんのう

尾長鳥(おながとり):19, 33, 44, 45, 146

尾長鳥牡丹唐草(おながとりにぼたんからくさ): 44

御引直衣(おひきのうし):14, 142, 208

小忌衣(おみころも):18, 22, 62

女郎花(おみなえし):107

おめり(おめり):20, 21

折枝(おりえ):19, 27, 28, 71, 86, 102, 130, 138, 154, 157, 162, 164, 165, 192, 220, 222, 223, 235, 245, 246, 247, 248, 249, 250, 251, 252, 253, 254, 255, 256, 257

折枝(おりえだ)→おりえ

あ

藍(あい):12, 13, 19, 35, 38, 44, 47, 56, 82, 133, 136, 142, 150, 177, 219, 253, 288

青(緑)(あお・みどり):19, 22, 23, 28, 35, 36, 37, 41, 42, 43, 44, 45, 54, 60, 61, 66, 71, 72, 82, 84, 88, 89, 90, 101, 102, 103, 104, 110, 124, 127, 130, 133, 138, 145, 152, 156, 162, 165, 167, 170, 171, 173, 175, 179, 184, 185, 197, 210, 211, 226, 227, 230, 237, 244, 246, 252, 254, 258, 267, 268, 283, 286, 287, 288, 289, 294, 296

葵(あおい):56, 88, 93

青色袍(あおいろのほう):36, 44

青梅(あおうめ):252

青白橡御衣(あおしろつるばみのおんぞ):44

青摺(あおずり):19, 60

赤(あか):12, 19, 28, 54, 89, 97, 98, 99, 108, 109, 126, 130, 133, 155, 169, 189, 200, 201, 203, 206, 224, 225, 243, 266, 267, 268, 269, 270, 271, 272, 283, 286, 289, 290, 292, 293, 294, 295, 296

紅紐(あかひも):18, 19, 62

秋草(あきくさ):145

緋(あけ):31, 80, 172, 190, 214, 215, 290, 295, 297

衵(あこめ):11, 208, 280

麻(あさ):15, 16, 19, 68, 218, 229, 248, 252, 253, 254, 261

朝餉間(あさかれいのま):224

浅葱(あさぎ):13, 66, 71, 83, 105, 112, 128, 146, 159, 183, 192, 227

麻葉繋(あさのはつなぎ):229

足利将軍家(あしかがしょうぐんけ):192, 200

網代(あじろ):233

『飛鳥浄御原令』(『あすかきよみはらりょう』):287, 289, 292, 295

東遊(あずまあそび):19, 33, 60

後染(あとぞめ):29

網目(あみのめ):232

綾(あや):5, 12, 13, 14, 20, 24, 28, 29, 31, 35, 36, 37, 42, 43, 44, 45, 47, 52, 55, 59, 72, 78, 82, 83, 84, 87, 88, 92, 97, 102, 105, 110, 111, 112, 121, 122, 124, 125, 126, 127, 128, 129, 136, 138, 140, 145, 150, 153, 156, 158, 159, 162, 163, 164, 170, 184, 185, 186, 187, 188, 190, 196, 200, 201, 207, 208, 209, 210, 211, 212, 213, 215, 217, 219, 224, 225, 226, 248, 249, 258, 259, 260, 261, 264, 265, 285

綾地綾(あやぢあや):24

霰(あられ):14, 21, 32, 82, 88, 89, 90, 91, 92, 93, 99, 100

霰地窠文(あられぢかもん)→窠霰(かにあられ)

在原業平(ありわらのなりひら):134

い

位階(いかい):4, 13, 285, 296

衣冠(いかん):12, 13, 33, 110, 290, 296

衣冠単(いかんひとえ):13

石畳(いしだたみ):90

衣裳(いしょう):5, 48, 78, 87, 90, 246

一條(家)(いちじょう・け):89, 94, 113, 114, 115, 159, 257, 274, 276, 278

市松(いちまつ):90

五衣(いつつきぬ):20, 208

位袍(いほう):4, 10, 285, 287, 288, 290, 292, 295, 296

異文(いもん):48, 70, 89, 96, 101, 192, 198

院参(いんさん):15

陰陽(いんよう):34, 282, 283, 284, 287, 293

led to restrictions on the use of colors according to rank, and also the color combinations employed for court attire.

As the design of *Yuusoku* became the mainstay of authority, great attention was paid to the use of color in garments. Gold thread was used only exceptionally in woven fabrics, whereas color usage became unique and was of impressive quality. Some *Yuusoku* designs have become familiar up to the present today, following its expansion into the religious world, *samurai* families, and eventually to the general public. These designs convey a glimpse of the sensitivity of ancient Japanese who recognized them as symbolic of beauty and nobility. Therefore it seems important to know how such patterns and designs were used, instead of attempting to assign a strict classification system to the patterns.

Our ancestors not only passed down *Yuusoku* designs to posterity, but employed them selectively in their surroundings, either individually or collectively. As a result, their value has been further increased, and their sensitivity has become more deeply appreciated. In spite of the fact that *Yuusoku* designs may have seemed fixed and invariant, our predecessors were adept at using them in various pleasurable ways.

The importance of *Yuusoku* designs lies not only in their size and number, but also purpose and usage. In addition, the use of color differs according to purpose. Therefore, it is not sufficient to merely pay attention to the morphology of such designs. As the conventions of *Yuusoku* are systematically interrelated, a thorough grasp of the environment associated with *Yuusoku* design is essential. This type of understanding allows us to empathize with our ancestors, and to appreciate the spirit of the ancient Japanese.

Yuusoku: the pattern of imperial design

Yuusoku means a specific convention associated with government posts, ceremonies, costumes, or articles related to the Japanese imperial court or nobility. Such costumes and articles have acquired a characteristic pattern. Some of them were brought to Japan from China. However, during and after the Heian period (794-1185/1192), these patterns evolved into a uniquely Japanese style, and this has continued up to the present day. Some patterns were used exclusively for costumes or for articles, although occasionally the same pattern was employed for both as a common pattern. Despite the fact that these costumes and articles were used for specific purposes or the events, neither the shapes of the articles nor the specific scenes or events by themselves were adopted for the patterns of *Yuusoku*. Spaces created on the basis of the *Yuusoku* design, for example the Imperial Palace, the residences of court nobles and their surroundings, or occasionally Buddhist temples or Shinto shrines, conveyed a specific and tangible atmosphere.

Since ancient times, social position in Japan has been indicated by the color of costumes. Commencing with "The Twelve Level Crown and Rank System" (604) created by Prince Shoutoku Taishi (574-622) and continuing to the "Youro Code" (757), costumes indicating court rank were associated with a specific color reflecting social standing. However, in "Saiguuki" written by Minamoto-no-Takaakira (914-983), the Senior Minister Fujiwara-no-Tokihira (871-909) stated in 907 that it would be highly undesirable for the textile pattern of the emperor's clothing to be the same as that of his subjects, and that a clear distinction ought to be made. Thereafter, the costumes of the emperor, the imperial family, and nobles were differentiated by not only color but also pattern. Under these circumstances, the design of *Yuusoku* evolved and developed, accompanied by an obsession for traditional color, which

une obsession pour les couleurs traditionnelles qui ont mené aux restrictions sur l'utilisation des couleurs selon le rang, et également la combinaison utilisée pour les tenues officielles de la Cour.

Comme le motif de *Yuusoku* est devenu la base de l'autorité, une grande attention a été portée à l'utilisation des couleurs dans les vêtements. Les fils d'or n'étaient utilisés qu'exceptionnellement dans le tissage des tissus, alors que l'usage de la couleur est devenu unique et était d'une qualité impressionnante. Quelques motifs de *Yuusoku* sont familiers de nos jours, suivant une expansion dans les monde religieux, les familles *samurai*, et finalement au public général. Ces motifs confèrent une vision de la sensibilité des japonais anciens qui les ont reconnus comme symbole de la beauté et de la noblesse. Par conséquent, il a semblé important de savoir comment de tels dessins étaient utilisés, plutôt que d'essayer de leur attribuer un système de classification strict.

Nos ancêtres n'ont pas seulement transmis les motifs de *Yuusoku* à la postérité, mais les ont utilisés sélectivement dans leurs cadres; qu'ils soient individuels ou collectifs. Ainsi, leurs valeur a augmenté, et leur sensibilité est devenue plus profondément appréciée. Malgré le fait que les motifs de *Yuusoku* aient été aperçus comme figés et sans variation, nos prédécesseurs étaient experts en l'art de les utiliser de différentes façons agréables.

L'importance des motifs de *Yuusoku* ne repose pas seulement dans leur taille et leur nombre, mais également dans leur but et utilisation. De plus, l'utilisation des couleurs diffère selon le but. Par conséquent, il n'est pas suffisant de simplement faire attention à la morphologie de tels motifs. Comme les conventions de *Yuusoku* sont systématiquement étroitement liées, une maîtrise approfondie de l'environnement associé au motif de *Yuusoku* est essentielle. Ce genre de compréhension nous permet de nous identifier à nos ancêtres. et d'ainsi apprécier l'esprit de l'ancien Japon.

Yuusoku : le motif du modèle impérial

Yuusoku signifie une convention particulière associée aux postes gouvernementaux, cérémonies, ou articles en rapport avec la cour impériale ou la noblesse japonaise. De tels costumes et articles ont obtenu un motif caractéristique. Certains d'entre eux ont été apportés au Japon de Chine. Cependant, pendant et après la période Heian (794-1185/1192) ; ces motifs ont évolué en un unique style japonais et cela continue jusqu'à ce jour. Certains motifs sont exclusivement utilisés pour des costumes ou des articles ; bien qu'occasionnellement le même motif soit utilisé pour les deux en tant que motif courant. Malgré le fait que ces costumes et articles aient été utilisés à des fins et évènements bien spécifiques, ni les formes des articles ni les scènes particulières elles-mêmes n'ont été adoptées pour les motifs de *Yuusoku*. Les espaces créés sur la base du modèle *Yuusoku*, par exemple le palais impérial, les résidences des nobles à la cour et leurs alentours, ou bien occasionnellement les temples bouddhistes ou les sanctuaires Shinto, apportent une atmosphère tangible et particulière.

Depuis les temps anciens, le statut social au Japon est indiqué par la couleur des costumes. Commençant avec « les douze niveaux de la couronne et le système des rangs » (604), créé par le prince Shoutoku Taishi (574-622) et qui a continué avec le "code Youro" (757); les costumes qui indiquent le rang à la Cour ont été associés à une couleur spécifique reflétant le niveau social. Cependant, dans 'Saiguuki' écrit par Minamoto-no-Takaakira (915-983), le ministre haut-placé Fujiwara-no-Tokihira (871-909) a annoncé en 907 qu'il ne serait pas souhaitable que le motif des vêtements de l'empereur soit identique à celui de ses sujets, et qu'une distinction précise était nécessaire. Par la suite. les costumes de l'empereur; de la famille impériale, et des nobles ont été différenciés non seulement par la couleur mais aussi par le motif. Dans ces circonstances; le motif de *Yuusoku* a évolué et s'est développé, accompagné par

〔著者紹介〕

池　修《いけ　おさむ》

昭和三十一年　生
昭和五十五年　京都大学医学部卒業
平成　三　年　トゥールーズ大学病院胸部外科勤務（フランス）
平成　七　年　京都大学胸部疾患研究所助教授（外科）
平成　十　年　京都大学大学院医学部助教授（呼吸器外科）
現　　　在　勤務医　僧侶（真宗〈浄土真宗〉）
　　　　　　蹴鞠保存会理事
　　　　　　京都市伝統行事・芸能功労者

〔著　書〕

『御所の器』　光村推古書院
『表具を楽しむ』　光村推古書院
『日本の蹴鞠』　光村推古書院
『佛教の文様』　光村推古書院

有職の文様

平成二十八年一月十九日　初版一刷　発行
令和元年五月三十日　初版二刷　発行

編著　池修

発行　合田有作
発行所　光村推古書院株式会社
604-8257　京都市中京区堀川通三条下ル　橋浦町217-2
PHONE075-251-2888　FAX075-251-2881

印刷　ニューカラー写真印刷株式会社

デザイン　辻恵里子（ニューカラー写真印刷）
進行　山本哲弘（ニューカラー写真印刷）
編集　合田有作（光村推古書院）

ISBN978-4-8381-0535-9